挑战数独

SUDOKU

青少年数独大赛题集

北京市数独运动协会 编著

知识产权出版社
全国百佳图书出版单位

图书在版编目（CIP）数据

挑战数独：青少年数独大赛题集 / 北京市数独运动协会编著. — 北京：知识产权出版社，2024.1

ISBN 978-7-5130-8903-6

Ⅰ.①挑… Ⅱ.①北… Ⅲ.①智力游戏—青少年读物 Ⅳ.①G898.2

中国国家版本馆CIP数据核字(2023)第171290号

内容提要：

本书是青少年数独比赛的辅导用书，根据比赛赛程分为"U8组""U10组""U12组""U18组"。书中不仅有真题详解及有针对性的数独模拟题，还包括2021、2022年度各阶段比赛的全部真题。真题按照初赛、决赛顺序编排，难度由浅及深，呈阶梯分布。全书题目均有答案。

本书为广大青少年数独爱好者提供了一本具有较好指导作用和参考价值的数独练习和测试读本。

责任编辑： 李小娟　　　　**责任印制：** 刘译文

挑战数独——青少年数独大赛题集

TIAOZHAN SHUDU——QINGSHAONIAN SHUDU DASAI TIJI

北京市数独运动协会　编著

出版发行：	知识产权出版社有限责任公司	**网　　址：**	http://www.ipph.cn http://www.laichushu.com
电　　话：	010－82004826		
社　　址：	北京市海淀区气象路50号院	**邮　　编：**	100081
责编电话：	010－82000860转8531	**责编邮箱：**	laichushu@cnipr.com
发行电话：	010－82000860转8101	**发行传真：**	010－82000893
印　　刷：	天津嘉恒印务有限公司	**经　　销：**	新华书店、各大网上书店及相关专业书店
开　　本：	720mm×1000mm　1/16	**印　　张：**	19
版　　次：	2024年1月第1版	**印　　次：**	2024年1月第1次印刷
字　　数：	282千字	**定　　价：**	58.00元

ISBN 978-7-5130-8903-6

努力挖掘“数独活动”的教育价值
（数独论坛致辞）

代　序

作为从事数学教学工作多年的教师，我应北京市数独运动协会张海军秘书长的邀请参与数独的研讨。研讨之前，最重要的事就是了解数独活动，自从搜索“百度百科”中“数独”条目想初步了解何谓“数独”，以及相关历史概况及大致解法后。互联网信息平台的信息逐波而至，我就开始被推送：日本数独冠军被中国13岁小孩“反杀”；12岁打败“世界第一”，15岁上北大；从小就玩数独的孩子强在哪儿等海量信息。这可能是“算法推荐”“偏好阅读”“情绪传染”等算法流水线的作用，经过“信息过滤”，我大有可能被送入“信息茧房”，让这类事关“数独”的信息包围着。好在我岁数摆在这儿，从事过多年的数学教学工作，现在也还干点数学教育方面的事，算法流水线还没有为我这种规格的对象准备好“大数据杀熟”的“算法陷阱”。

上述所说主要是想表明我的一点看法，依我的专业背景，百度百科提供的数独知识足以令我断定：“数独是思维的体操”，是成本低、效益高的益智活动，也是几乎没有门槛的智力活动。

玩数独就是玩游戏，要以玩的心态游戏，不宜夹杂功利心，功利心或目的性太强，容易使得小小年纪就出现不健康心理。这不好！一个相互理解、兼容并包的社会，首先要人人心理健康。目的性太强，“玩数独，上北大”，玩了多年，上不成怎么办？所以，以玩的心态玩数独是正途；喜欢数独是因为数独好玩，这是高尚的境界。爱好、兴趣应该得到充分的尊重和释放，以兴趣爱好来吸引青少年参与数独活动应该是最值得倡导的思想境界。对数独活动的宣传、推广要义就在于让大家感到好玩、有意思、愿意思考，求索未解之谜。

数独活动的一大好处就是老少咸宜，不同水平的人都能找到适合自己的挑战起点，推广者或教学者有必要充分认识这个特点。以趣引人，关键在于难易适度。不同的人或水平，宜设不同的门槛，抬脚过槛的高度要有所不同，因人设槛，引发了兴趣，就是成功。这当中有许多细致的工作需要完善。要设计诱人的步步高数独问题组，要有客观评价，同时鼓励自我评价、自我提高，数独活动推广者要为此铺路搭桥。

从目前看，起码应该从小学一年级开始开展数独普及活动，数独虽然只有9个数，81个格，但发挥的作用是综合性的。一些重要的思想品质、行为习惯可以借此养成，发挥的是“德智体美劳”五育并举的功效，不能小看。需要各位进一步从教育理论的角度予以研究，设计数独活动的行为规范或规则，使其发挥育人的作用。

玩数独宜用纸和笔，最好还能用上动手操作的数独玩具，以色列等国家在这方面均有创造。这样做的好处是对眼睛和心智有益。中小学生玩数独游戏应该杜绝上网，不用游戏App。用纸笔或手动操作可以呵护孩子们的眼睛，帮助他们摆脱“屏幕综合征”。与键盘相比，手写有助于改善学习和记忆，这是科学结论，也正好是数独的优势，必须保持和发展。

数独的形式不是越复杂越好(虽然这是数独高手的追求)，而是越有趣越好，越好玩越好，越美越好。数独可与美术、体育、语文、数学等课程相交叉，活跃形式，让孩子们更喜欢。同时，也应该改善数独自身发展资源不足的局面，让数独活动的普及更具可持续性。在数独教学法上要创设“先入门、入门为主”的思想，不必强调“必入迷”，提倡玩数独愉悦即好。

要挖掘数独独有的系统论思想，研究主系统和分系统、子系统之间的关系及思想方法。数独不是算术，但用到了算术，建立的是数与数间的纵横关系。我感觉其中的哲理性思想是很丰富的，应该有独特的接地气的话语系统，要与其他学科的话语有融合或交叉，少点数学味和专业味，话语交流方式要通俗而丰富。

另外，从整体看，这个活动需要拥有大量的积极分子或推广者，需要基层团体的参与或支持，协会应建立与大中小学甚至幼儿园的合作关系，不妨建立专业委员会或俱乐部，形成有形、有物、有活动的常态化事业。争取团委、学生会、教研部门的支持，使得开展活动有底气、有指导、有层次。现在的数独产品除了书报就是App，太单调，起码应该有类似跳棋那样的小朋友能玩的多样化玩具性数独产品进入幼儿园，估计会更受大众欢迎。

总之，我观察，数独运动是一项正在积极发展的事业，有许多可琢磨可发展的事可做。以竞赛为例，要让其具有广泛性和群众性，尚需系统设计。例如,班级小组中如何赛，班级内如何赛，年级如何赛，学校如何赛，赛题资源从何而来？教师们本来就很忙，搜集资源有困难，有现成的题材就非常关键。开展“课间数独”“本班数独大王”“年级数独达人”一类的、不仅有名称而且有翔实内容的可供选用的读物或实物应该是可事先准备好的“模板”。学校的受众广泛，可以影响到家长和社会，是推广数独活动最有希望落实的单位，应该得到重视。

另外，我们要以发展学生的综合素养为宗旨，北京市数独运动协会在数独竞赛方面有优势，可考虑在“数独”一艺的条件下开展非学科或跨学科的秉承STEM教育思想及方法的益智竞赛活动，传播推广古今中外的优质益智文化的精华。从而把中小学益智活动搞起来，整体发挥中华世纪坛的社会教育功能，我想各学校、各办学单位会积极支持参与。

方运加

《中小学数学》杂志（小学版）主编

目　录

CONTENTS

第一章
模拟分组练习题

U8组模拟试卷

第1轮

六宫标准数独(第1—4题):在空格内填入数字1—6,使得每行、每列和每个宫内的数字均不重复。

第1题

			3
	4		
		1	
2			

第2题

	1		
			4
1			
		3	

第 3 题

	1				
	6				2
			4		1
1		6			
3				4	
				2	

第 4 题

1					
	5		2		
		5		4	
	3		1		
		4		6	
					3

标准数独(第5—8题):在空格内填入数字1—9,使得每行、每列和每个宫内的数字均不重复。

第5题

3	2	1	7					8
			5	2		6		1
	5		4		3			7
		4		7		3	5	9
	9		1		5		6	
5	8	3		9		1		
2			3		1		9	
9		7		5	6			
6					7	2	1	5

第6题

	6	1				4		
4			1	2	8		3	
8				9		2		1
	4		5		3		2	
	5	6				3	8	
	2		4		9		5	
6		4		5				3
	1		8	7	6			5
		7				8	6	

第 7 题

	8			1			9	
5		2				7		6
	1		6		5		3	
		6	5		4	2		
4								9
		3	9		8	1		
	6		2		7		5	
2		9				6		3
	7			9			2	

第 8 题

8	1						3	
4			9			7		5
			3		4		6	
	2	3		8		5		
			1		2			
		8		3		6	7	
	9		2		3			
7		2			1			3
	8						1	7

U8组模拟试卷

第2轮

五宫项链数独(第1—2题):在空格内填入数字1—5,使得每行、每列和每条项链内的数字均不重复。

第1题

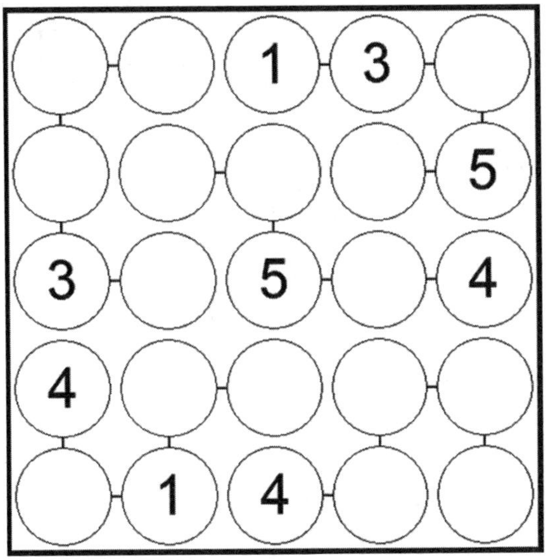

第2题

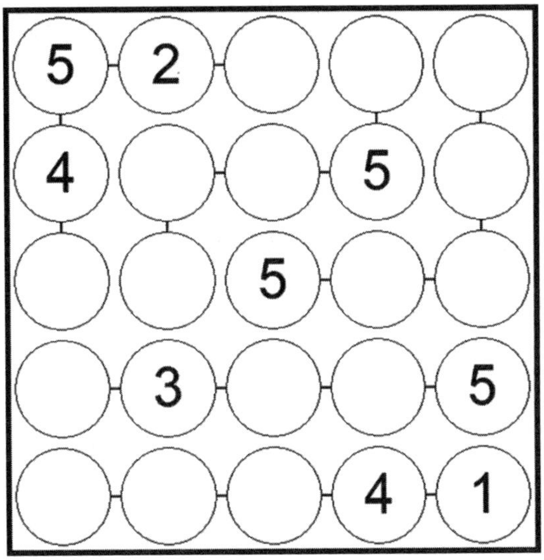

六宫对角线数独(第3—4题):在空格内填入数字1—6,使得每行、每列、每个宫和两条对角线内的数字均不重复。

第3题

	1	3			
			1		
				1	4
3	4				
		6			
			6	2	

第4题

	5	4			
					4
					2
3					
1					
			6	4	

六宫不等号数独（第5—6题）：在空格内填入数字1—6，使得每行、每列和每个宫内数字均不重复。不等号表示两侧格内的大小关系。

第5题

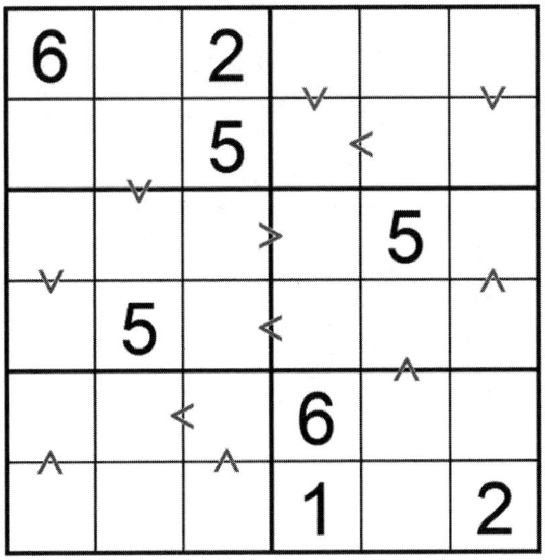

第6题

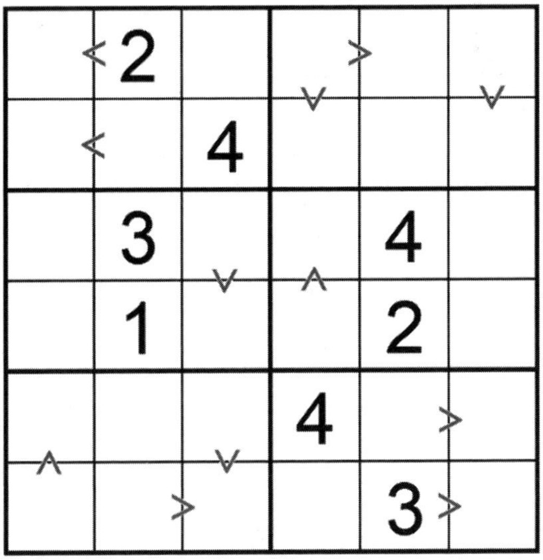

U8组模拟试卷

第3轮

六宫无缘数独(第1—2题):在空格内填入数字1—6,使得每行、每列和每个宫内的数字均不重复。对角相邻的两格内也不能出现相同的数字。

第1题

4					1
		6			
				2	
	2				
			6		
5					3

第2题

		1		6	
		3			
1					
					2
			3		
	3		4		

六宫加法数独(第3—4题):在空格内填入数字1—6,使得每行、每列和每个宫内的数字均不重复。提示数表示两侧格内数字之和。

第3题

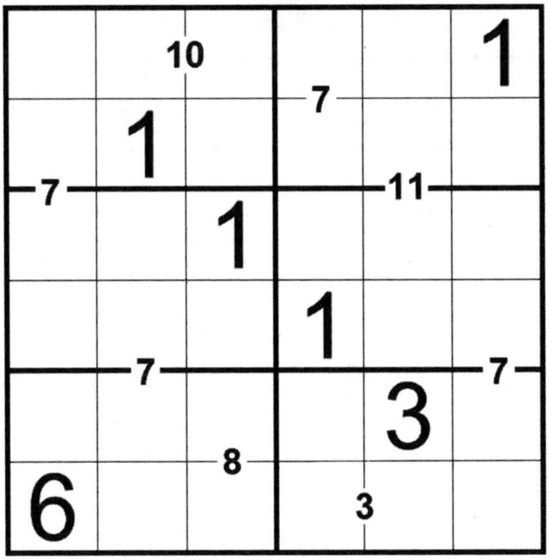

第4题

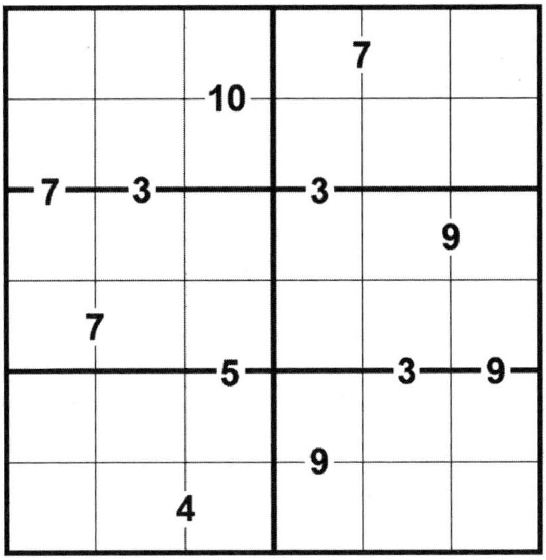

六宫奇偶数独(第5—6题):在空格内填入数字1—6,使得每行、每列和每个宫内的数字均不重复。灰色圆圈格内只能填入奇数,灰色方块格内只能填入偶数。

第5题

■	●		■	●	●
●	■	1		4	■
	1	4	●		■
■		●	4	3	
●	5		2	■	■
■	■	■		●	●

第6题

■	●		●		4
●	4	■	●	■	
	■	3	■	●	●
●	●	■	2	●	
	●	■	●	5	■
3		●		■	●

U10组模拟试卷

第1轮

六宫标准数独(第1—4题):在空格内填入数字1—6,使得每行、每列和每个宫内的数字均不重复。

第1题

6	4				
2			6		
				2	
	3				
		5			2
				5	4

第2题

	4			2	
3					1
		4			
			5		
6					5
	2			3	

数独酷

挑战数独——青少年数独大赛题集

第3题

	1				4
3			5		
		1			
			6		
		2			6
6				5	

第4题

		2			
	6			5	
			4		5
4		5			
	3			2	
			6		

标准数独（第5—8题）：在空格内填入数字1—9，使得每行、每列和每个宫内的数字均不重复。

第5题

	4		7		8		2	
8		7				4		6
	3		1		6		8	
4		8		7		3		9
			9		5			
6		5		3		1		2
	7		3		2		9	
2		4				7		1
	8		4		7		6	

第6题

	5			1	9	2		
			8					9
1		9		6		5		
7			6		1		2	
8		1				3		6
	6		9		3			7
		4		5		9		3
9					4			
		6	2	9			5	

第7题

	9		3				6	
3		7						4
	5		8		1			
7		3		5		2		
			9		7			
		9		3		8		7
			5		3		9	
4						5		6
	8				6		1	

第8题

		9	5		1			
				9		5	1	
4		5					7	
9				8				7
	8		3		7		9	
3				1				6
	2					3		9
	9	1		7				
			9		5	7		

U10组模拟试卷

第2轮

六宫额外区域数独(第1—2题):在空格内填入数字1—6,使得每行、每列、每个宫和六个灰格内的数字均不重复。

第1题

2					
			5		4
	2				
				6	
1		6			
					1

第2题

			4		
	6	1			
2					
					5
			1	4	
		4			

六宫无马数独（第3—4题）：在空格内填入数字1—6，使得每行、每列和每个宫内的数字均不重复。彼此形成马步（二拐一）位置的两格内不能出现相同的数字。

第3题

				5	
		3			6
	3		2		
		1		3	
5			3		
	4				

第4题

		3	2		
	5				
3					4
4					
		4			1

六宫不规则数独(第5—6题):在空格内填入数字1—6,使得每行、每列和每个不规则形粗线宫内的数字均不重复。

第5题

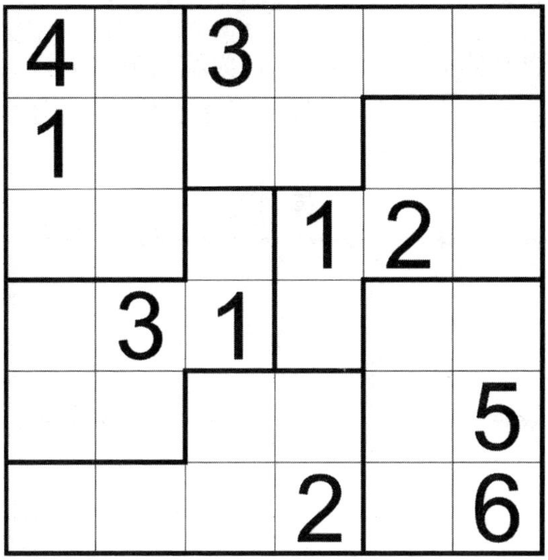

第6题

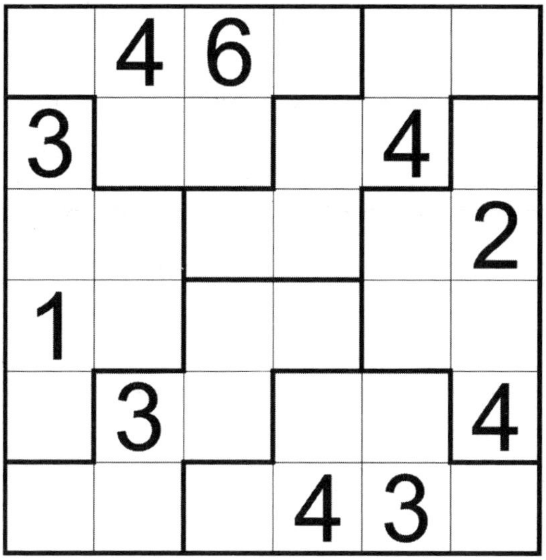

U10组模拟试卷

第3轮

六宫杀手数独(第1—2题):在空格内填入数字1—6,使得每行、每列和每个宫内的数字均不重复。虚线框内提示数表示框内所有数字之和,同一虚线框内不能填入相同的数字。

第1题

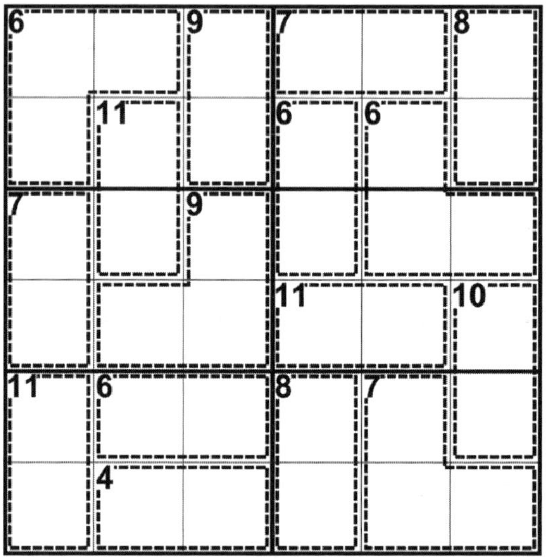

第2题

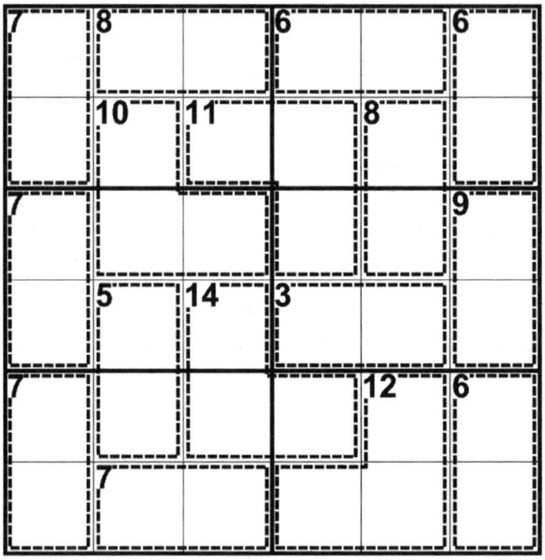

六宫连续数独(第3—4题):在空格内填入数字1—6,使得每行、每列和每个宫内的数字均不重复。灰色粗线两侧格内数字之差为1,没有灰色粗线的相邻两格内数字之差不能为1。

第3题

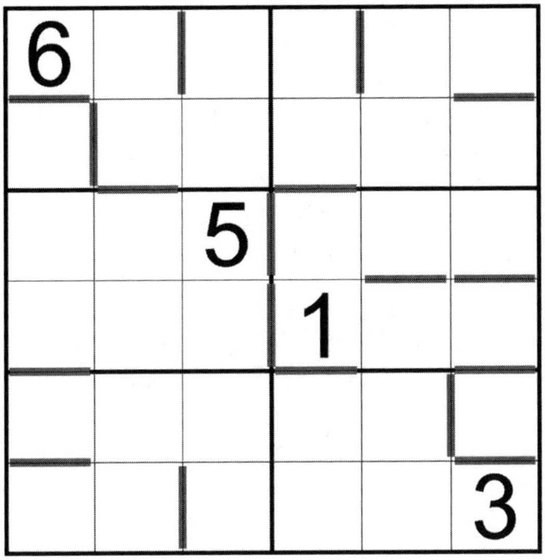

第4题

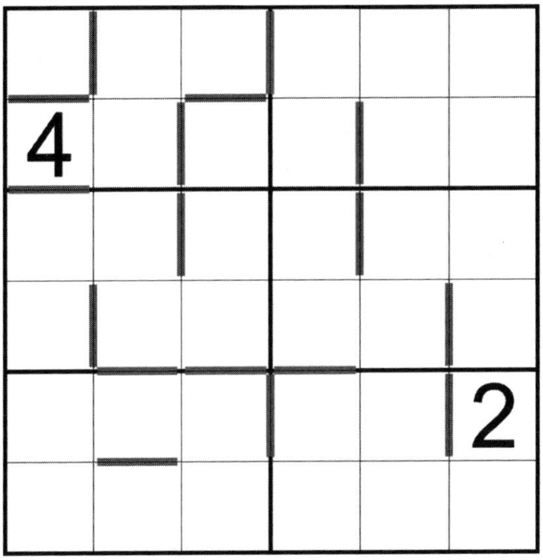

六宫温度计数独(第5—6题):在空格内填入数字1—6,使得每行、每列和每个宫内的数字均不重复。盘面内每个温度计上的数字从圆形到末端依次增大。

第5题

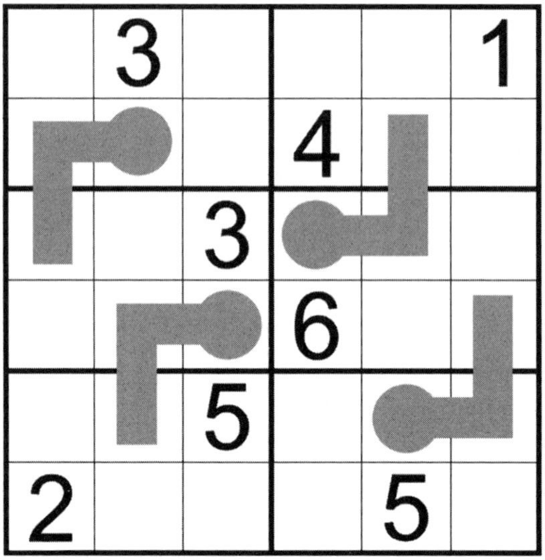

第6题

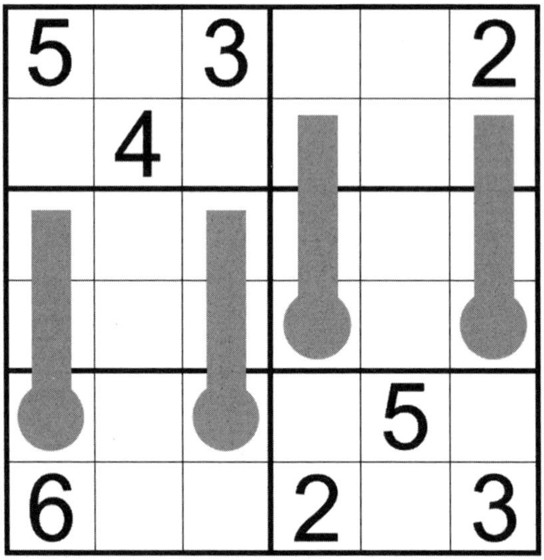

U12组模拟试卷

第1轮

六宫标准数独（第1—4题）：在空格内填入数字1—6，使得每行、每列和每个宫内的数字均不重复。

第1题

5		6		3	
4		1			
			1		3
	4		6		1

第2题

6		2			
			3		
5					3
3					4
		5			
			4		2

第3题

3			2		
		2		4	
					2
1					
	1		5		
		6			4

第4题

5		6			
					6
	3		1		
		2		3	
2					
			4		1

标准数独(第5—8题):在空格内填入数字1—9,使得每行、每列和每个宫内的数字均不重复。

第5题

	4			6	1			
5			9			3		
		3		7		9	2	
	9		6		8			7
2		6				4		9
1			4		9		3	
	2	9		1		8		
		5			3			2
			2	9			1	

第6题

	7		2		5			
		4				3		8
	8				3		7	
8		3		2				9
			8		9			
5				7		2		4
	9		4				5	
2		8				1		
			1		8		4	

第 7 题

					6			1
			9			2		
				7		8	4	
	1			4				8
		3	2		8	6		
7				5			3	
	3	8		9				
		6			1			
9			4					

第 8 题

	3		8					
8		4	3	1				
	5				9	2		
4	9		1			8		
	7						1	
		5			6		7	4
		2	7				4	
				4	1	7		5
					3		2	

U12组模拟试卷

第2轮

六宫摩天楼数独(第1—2题):在空格内填入数字1—6,使得每行、每列和每宫的数字均不重复。盘面内数字表示相应层数的楼房,盘面外提示数表示从该方向可以看到楼房的数量,层数高的楼房会挡住低层的楼房。

第1题

	4	3	1	3	2	2	
3						3	3
3		5					1
2			1	3			2
2			3	5			4
1					1		3
2	4						2
	2	3	3	1	3	2	

第2题

	3	4	2	1	4	2	
3	3						2
2		2			1		2
3			2				1
1				4			3
2		6			4		4
4						3	2
	3	2	2	3	1	2	

六宫箭头数独（第3—4题）：在空格内填入数字1—6，使得每行、每列和每宫的数字均不重复。盘面中箭头尾部的圆圈格内数字为该箭头穿过所有格内数字之和。

第3题

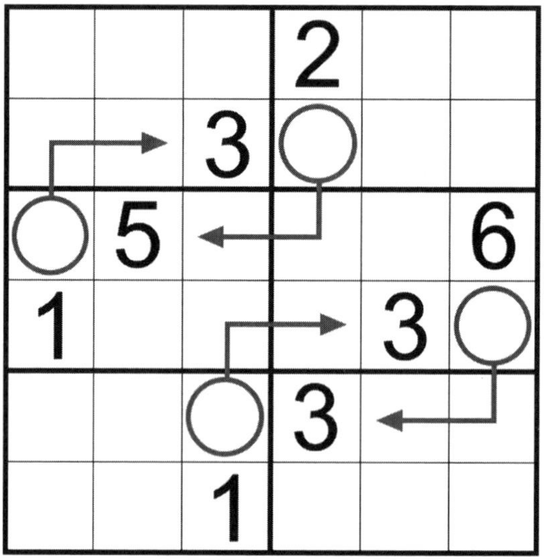

第4题

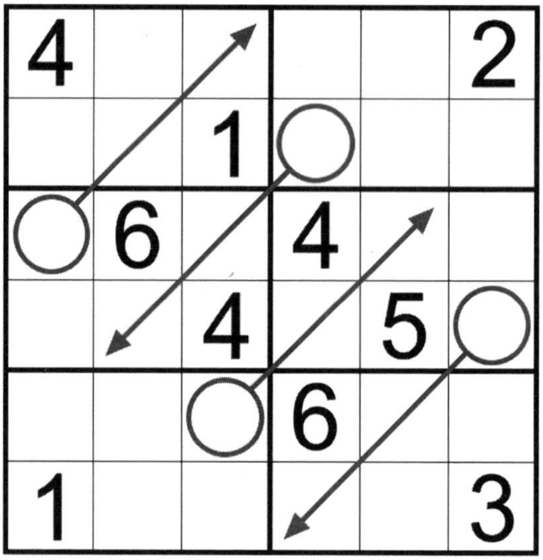

奇偶数独(第5—6题):在空格内填入数字1—9,使得每行、每列和每宫的数字均不重复。灰色圆圈格内只能填入奇数,灰色方块格内只能填入偶数。

第5题

■	●		●	■	●	4	●	■
■		●	7	■			1	●
	●	4	1	●	2	●		3
●	4	1	■	2		3		●
●	■	●	6	3	4	●	■	●
●		2		1	●	8	5	■
4		■	5	●	6	2	●	
●	5			●	3	●		■
●	■	9	■	■	●		●	■

第6题

8	●		9					7
●	■	4	1	■		●	■	
	7	●		4	5	6	●	
1	2		3	●	■	7		
	●	5	●		■	1	■	
		6	■	●	9		3	4
	●	1	5	7		■	4	
	■	●		■	1	3	●	●
6					3		●	1

U12组模拟试卷

第3轮

六宫排除数独(第1—2题):在空格内填入数字1—6,使得每行、每列和每宫的数字均不重复。圆圈中的数字表示周围四格内不能出现的数字。

第1题

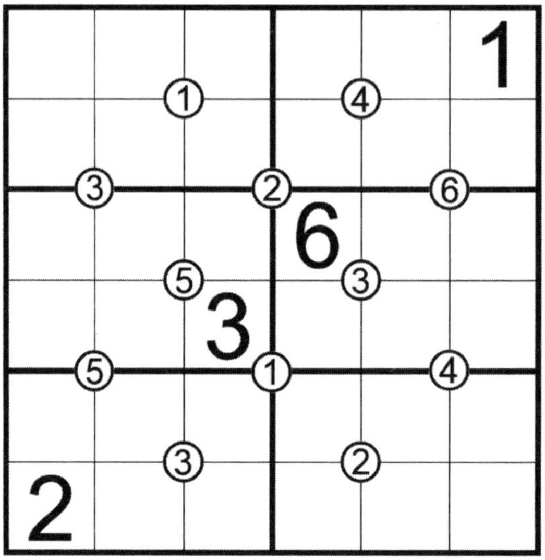

第2题

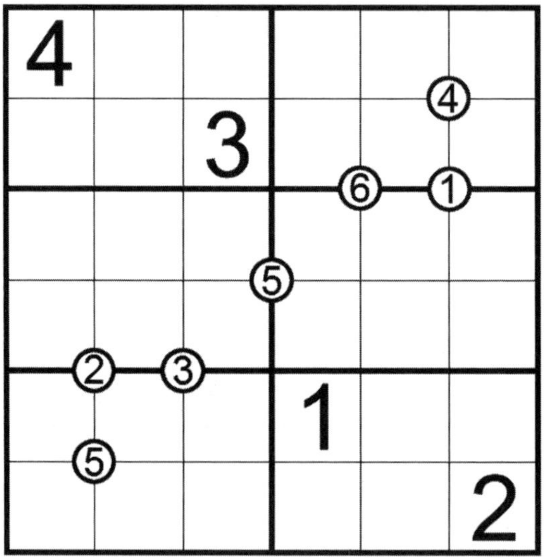

寻6数独(第3—4题):在空格内填入数字1—6,使得每行、每列和每宫的数字均不重复。箭头所在格内数字表示从该格到箭头所指方向上数字6的距离。

第3题

			↓		4
→		→			
1		→			
			←		1
			←		↑
2		→			

第4题

	→	4			
				↓	
→		↓	↑		
		↓	↑		↓
	→				
			1	↑	

VX数独(第5—6题):在空格内填入数字1—9,使得每行、每列和每个宫内的数字均不重复。盘面中符号V两侧格内数字之和为5,符号X两侧格内数字之和为10。没有VX符号的相邻两格内数字之和不能为5或10。

第5题

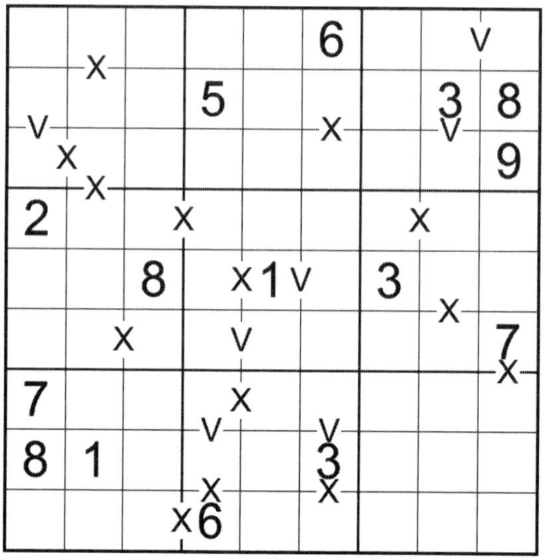

第6题

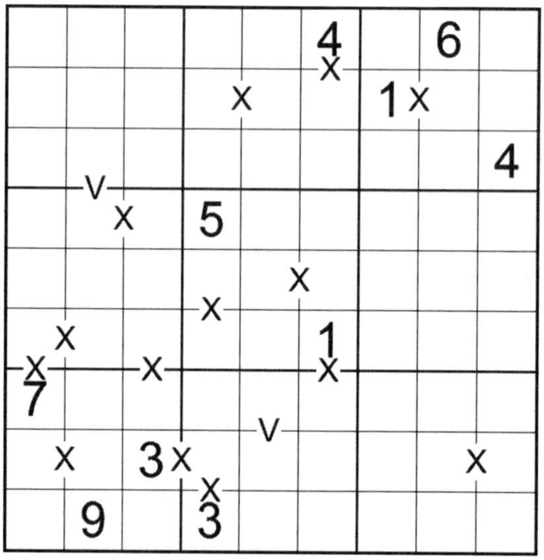

U18组模拟试卷

第1轮

标准数独(第1—6题):在空格内填入数字1—9,使得每行、每列和每个宫内的数字均不重复。

第1题

	2						3	
1		5	7		3	8		2
	6			5			7	
	4		8		2		1	
		9				4		
	7		6		9		5	
	5			3			2	
7		2	1		6	5		4
	1						9	

第2题

	2		3				7	
8				9		6		5
	1			5				
				1				7
	7	9	4		5	8	1	
1				8				
				3			8	
3		1		6				4
	6				8		2	

第3题

4	9			1			8	5
5								7
			4		6			
		4				6		
1								9
		5				1		
			3		1			
8								2
2	1			8			5	6

第4题

				8			2	
3	2	5					7	
		7	5		2	4	3	
		2				9		
6								4
		1				3		
	1	9	8		3	7		
	5					2	4	3
	7			5				

第 5 题

			7	8			9	1
					3			4
			9			6		
3		9					7	
7								8
	5					3		6
		6			2			
9			1					
8	2			6	5			

第 6 题

1								5
		6	5	7		8		
	2						1	
				2			6	
	9		3		4		8	
	6			1				
	3						7	
		8		5	6	4		
6								2

U18组模拟试卷

第2轮

六宫小杀手数独(第1—2题):在空格内填入数字1—6,使得每行、每列和每个宫内的数字均不重复。盘面外提示数表示箭头所指方向上所有格内数字之和。

第1题

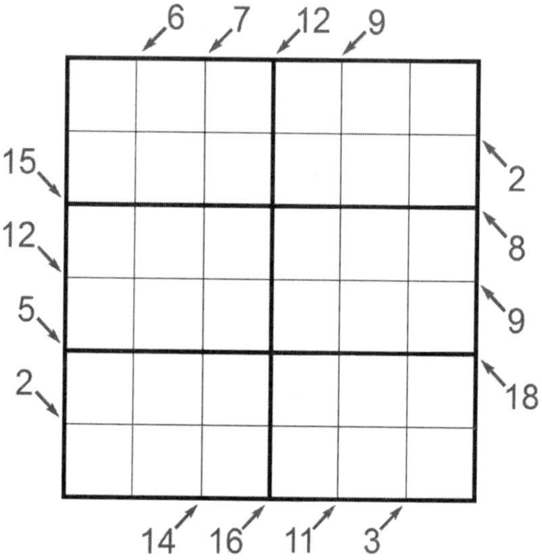

第2题

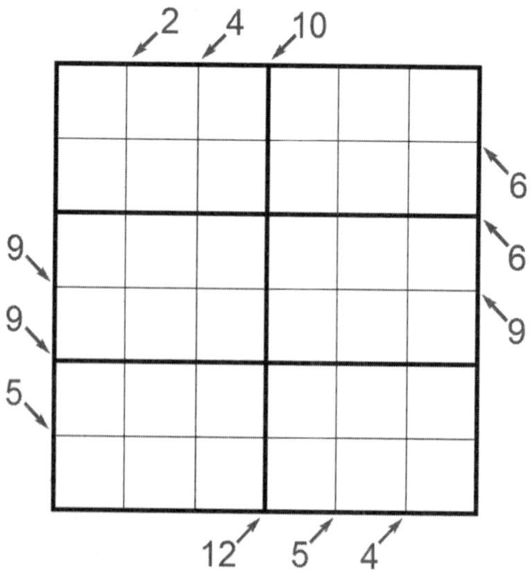

堡垒数独(第3—4题):在空格内填入数字1—9,使得每行、每列和每个宫内的数字均不重复。盘面内灰色内的数字大于相邻白格内的数字。

第3题

7			4		5			9
		3				6		
	2			9			7	
1			2		4			8
		4				7		
2			3		8			5
	7			4			2	
		2				1		
3			7		2			6

第4题

	9				7			8
2				9			1	
			1			5		
					1			2
	1			6			7	
5			3					
		5			4			
	3			1				5
1			7				4	

窗口数独(第5—6题):在空格内填入数字1—9,使得每行、每列、每个宫和四个灰色区域内的数字均不重复。

第5题

			4		1		2	
2		8				4		
	5		9		2		3	
5		4				6		9
9		7				5		2
	2		8		4		6	
		9				2		8
	7		6		9			

第6题

					6	8	4	
2		8					7	
1				5			2	
9		2	5		4			
8								5
			3		1	4		9
	2			1				8
	8					3		4
	6	7	8					

U18组模拟试卷

第3轮

对角线数独(第1—2题):在空格内填入数字1—9,使得每行、每列、每个宫和两条对角线内的数字均不重复。

第1题

	7				6		4	
1		6				2		5
	2		8		4		6	
		3		2		4		8
			3		5			
7		1		8		5		
	1		7		8		5	
9		8				7		4
	3		5				9	

第2题

	6		2		7		4	
1		4				7		6
	9		1		6		2	
6				8				7
			5		3			
2				1				8
	7		4		8		5	
3		6				2		4
	8		3		5		7	

外提示数数独(第3—4题):在空格内填入数字1—9,使得每行、每列和每个宫内的数字均不重复。盘外提示数表示对应位置前三格内出现的数字,数字的排序没有限制。

第3题

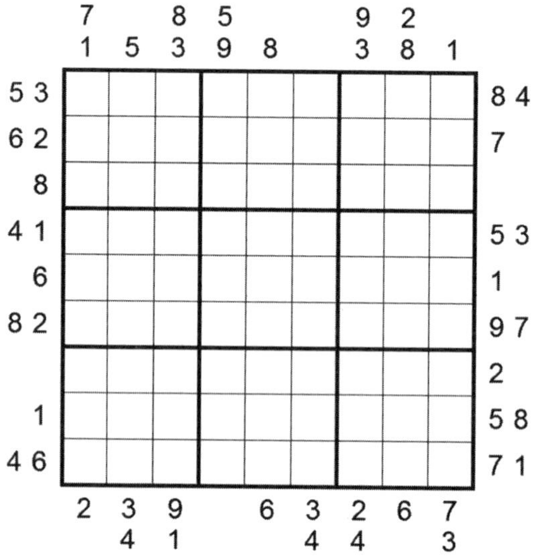

第4题

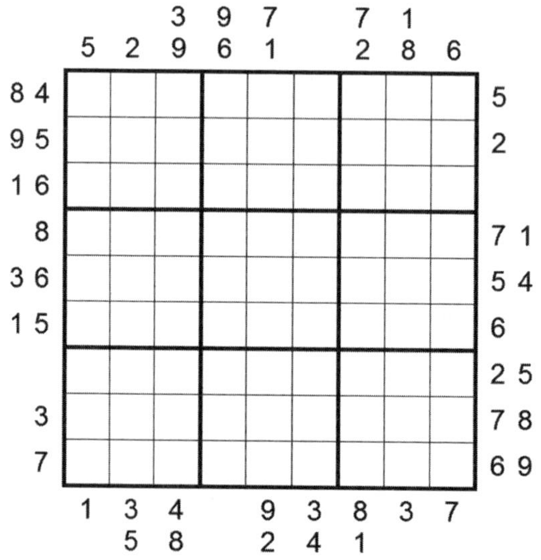

X和数独(第5—6题):在空格内填入数字1—9,使得每行、每列和每个宫内的数字均不重复。盘外提示数表示对应位置前X格内数字之和,对应位置第一格内的数字为X数值。

第5题

	20	42	19	13		32	35	6	1	
29										1
9										45
13										30
1										40
30										16
43										9
33										17
19										41
	25	10	26	34		45	1	31	44	

第6题

		33	3	39	1	28	16	45		
8										38
43										8
11										27
17										41
28										17
34										1
45										30
		35	43	32	26	10	18	12		

第二章
比赛真题

2021全国青少年数独锦标赛初赛赛题

U8组　第1轮　限时:25分钟

1. 四宫数独……………………………………5分
2. 四宫数独……………………………………5分
3. 六宫数独……………………………………10分
4. 六宫数独……………………………………12分
5. 九宫数独……………………………………14分
6. 九宫数独……………………………………16分
7. 九宫数独……………………………………18分
8. 九宫数独……………………………………20分

总分……………………………………………100分

主办单位:国家体育总局社体中心　北京奥运城市发展基金会
承办单位:北京市数独运动协会　华奥星空科技发展有限公司
支持单位:人民画报社　北京市体育总会
　　　　歌华传媒集团　中华世纪坛管理中心
赞助单位:上海四季教育集团　北京积木智慧教育

四宫数独(第1—2题):将数字1—4填入空格内,使每行、每列和每宫内的数字均不重复。

第1题(5分)

4			
3			2
1			4
			1

第2题(5分)

	3		
		1	
			4
4			

六宫数独（第3—4题）：将数字1—6填入空格内，使每行、每列和每宫内的数字均不重复。

第3题（10分）

			6	5	
	5				4
		1			2
4			1		
3				2	
	4	6			

第4题（12分）

	5				
3		4			
	2		5		
		6		3	
			1		5
				2	

九宫数独(第5—6题):将数字1—9填入空格内,使每行、每列和每宫内的数字均不重复。

第5题(14分)

7	3		5		4		1	2
5		6		8		9		3
	1		9	7	3		4	
2		5		9		4		1
	6	1	8		5	2	9	
4		7		2		6		5
	2		7	5	8		6	
9		3		1		7		8
6	7		2		9		5	4

第6题(16分)

9	3			5			6	1
2	7			4	1	9	8	5
	8	5	6	7	9	2		
	2	9				6		
7	4	3		6		1	2	8
		1				4	7	
		8	4	3	2	5	9	
3	5	7	1	9			4	2
4	9			8			1	6

九宫数独(第7—8题):将数字1—9填入空格内,使每行、每列和每宫内的数字均不重复。

第7题(18分)

	9			2	7		5	
7		2			3	4		9
	3		9			7	2	
		9		7			8	2
1			2		9			7
4	2			8		3		
	4	3			2		6	
2		5	6			9		1
	1		3	9			7	

第8题(20分)

7				4				9
		4	7		8	5		
	5			9			7	
	7		5		2		1	
2		5		1		6		7
	3		4		7		5	
	2			3			6	
		9	6		4	3		
6				5				8

2021全国青少年数独锦标赛初赛赛题

U8组　第2轮　限时:40分钟

1．五字不规则数独……………………………………8分
2．五字不规则数独……………………………………10分
3．五字不规则数独……………………………………10分
4．六宫对角线数独……………………………………12分
5．六宫对角线数独……………………………………15分
6．六宫对角线数独……………………………………15分
7．六宫加法数独………………………………………20分
8．六宫加法数独………………………………………25分
9．六宫额外区域数独…………………………………16分
10．六宫额外区域数独………………………………19分
总分……………………………………………………150分

主办单位:国家体育总局社体中心　北京奥运城市发展基金会
承办单位:北京市数独运动协会　华奥星空科技发展有限公司
支持单位:人民画报社　北京市体育总会
　　　　歌华传媒集团　中华世纪坛管理中心
赞助单位:上海四季教育集团　北京积木智慧教育

五字不规则数独(第1—3题):将数字1—5填入空格内,使每行、每列和每个不规则形粗线宫内的数字均不重复。

第1题(8分)

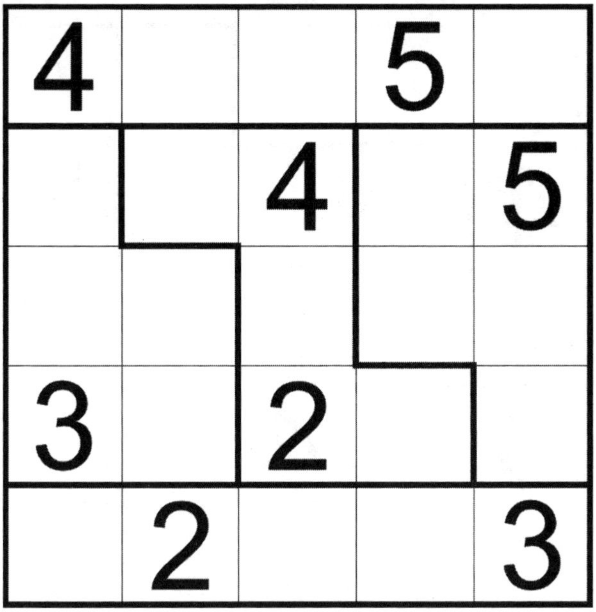

第2题(10分)

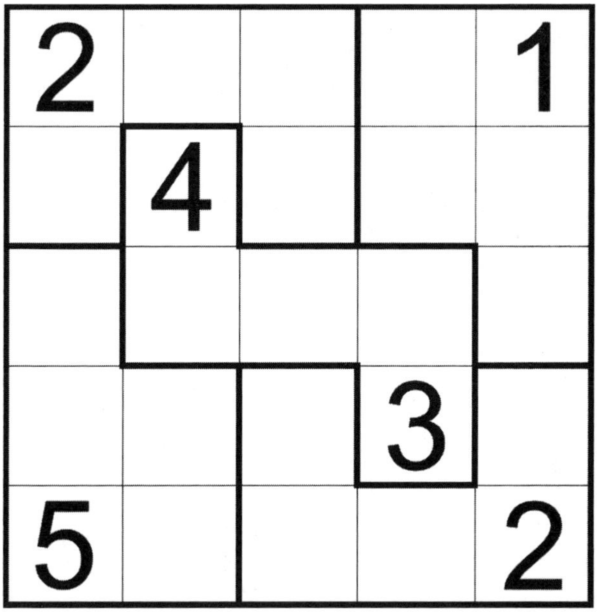

第 3 题(10 分)

		5		1
4				5
3		4		

六宫对角线数独(第 4—6 题):将数字 1—6 填入空格内,使每行、每列、每宫和两条对角线内的数字均不重复。

第 4 题(12 分)

		6		2	
	3				6
3					
					1
4				6	
	6		5		

第5题(15分)

	2		1		
					5
				5	
	1				
2					
		4		3	

第6题(15分)

				1	
			4		
4				3	
	2				6
		2			
	5				

六宫加法数独(第7—8题):将数字1—6填入空格内,使每行、每列和每宫内的数字均不重复。盘面内提示数表示两侧或周围四格内的数字之和。

第7题(20分)

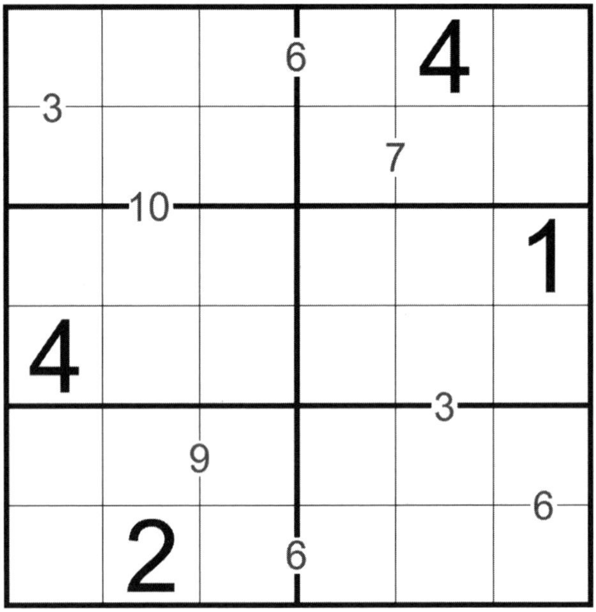

第8题(25分)

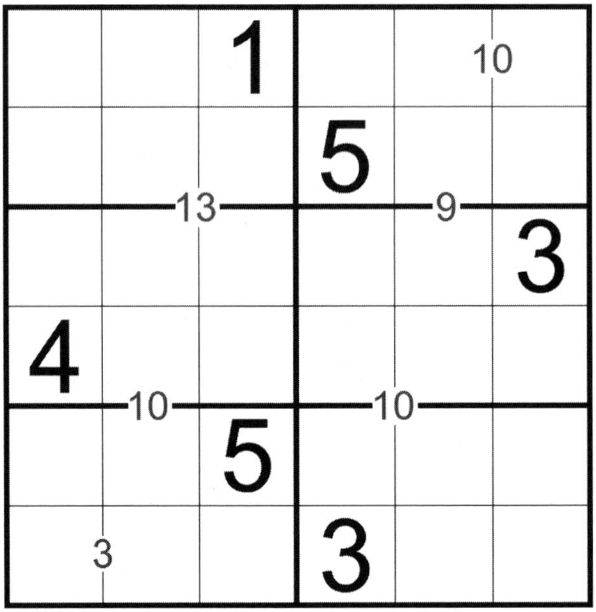

六宫额外区域数独(第9—10题):将数字1—6填入空格内,使每行、每列、每宫和两组灰色区域内的数字均不重复。

第9题(16分)

第10题(19分)

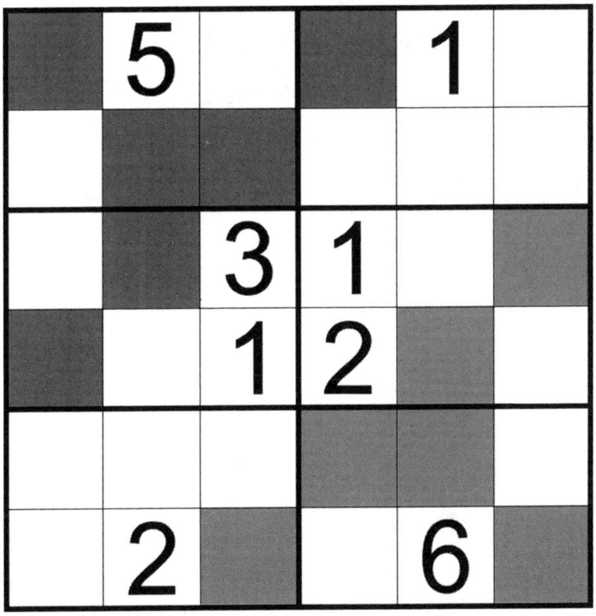

2021全国青少年数独锦标赛初赛赛题

U10组　第1轮　限时:25分钟

1. 六宫数独……………………………………7分
2. 六宫数独……………………………………7分
3. 六宫数独……………………………………9分
4. 六宫数独……………………………………9分
5. 九宫数独……………………………………14分
6. 九宫数独……………………………………16分
7. 九宫数独……………………………………18分
8. 九宫数独……………………………………20分

总分……………………………………100分

主办单位:国家体育总局社体中心　北京奥运城市发展基金会
承办单位:北京市数独运动协会　华奥星空科技发展有限公司
支持单位:人民画报社　北京市体育总会
　　　　歌华传媒集团　中华世纪坛管理中心
赞助单位:上海四季教育集团　北京积木智慧教育

六宫数独(第1—4题):将数字1—6填入空格内,使每行、每列和每宫内的数字均不重复。

第1题(7分)

		6			4
	4			1	
5			4		
		4			1
	2			5	
6			1		

第2题(7分)

			4	5	
5			3		
6	4				
				4	5
		2			1
	5	3			

第3题(9分)

1			3		
	3		1		
				4	
	5				
		5		1	
		2			6

第4题(9分)

				3	
4			2		
	4				6
6				4	
		5			1
	1				

九宫数独（第5—6题）：将数字1—9填入空格内，使每行、每列和每宫内的数字均不重复。

第5题（14分）

		9			8	3		
		2	9			8	6	
1	8		4	7			5	2
	1	4		9	2			6
		5	8		4	2		
2			5	1		4	7	
9	2			8	7		4	5
	4	7			5	1		
		6	1			7		

第6题（16分）

6			8			1		
8	9		1	7		3	5	
	5	1		3	2		8	6
7						4		
9	4					6	2	
	2	8					7	5
2			5			8		
5	8		6	9		2	1	
	1	9		2	8		6	7

九宫数独(第7—8题):将数字1—9填入空格内,使每行、每列和每宫内的数字均不重复。

第7题(18分)

	8		3		6		7	
1		6				4		8
	4			9			6	
8			4		9			6
		3				9		
4			6		5			1
	1			8			3	
7		8				2		4
	6		1		4		5	

第8题(20分)

4								6
1		5		6		8		7
	6		1		4		5	
	2		5		7		9	
		9		4		7		
	1		2		3		6	
	8		4		9		7	
9		1		7		6		5
5								4

2021全国青少年数独锦标赛初赛赛题

U10组　第2轮　限时:40分钟

1. 六字不规则数独……………………………………9分
2. 六字不规则数独……………………………………12分
3. 六宫连续数独………………………………………10分
4. 六宫连续数独………………………………………15分
5. 六宫杀手数独………………………………………12分
6. 六宫杀手数独………………………………………18分
7. 六宫不等号数独……………………………………14分
8. 六宫不等号数独……………………………………18分
9. 对角线数独…………………………………………21分
10. 奇数数独…………………………………………21分

总分………………………………………………………150分

主办单位:国家体育总局社体中心　北京奥运城市发展基金会
承办单位:北京市数独运动协会　华奥星空科技发展有限公司
支持单位:人民画报社　北京市体育总会
　　　　　歌华传媒集团　中华世纪坛管理中心
赞助单位:上海四季教育集团　北京积木智慧教育

六字不规则数独(第1—2题):将数字1—6填入空格内,使每行、每列和每个不规则形粗线宫内的数字均不重复。

第1题(9分)

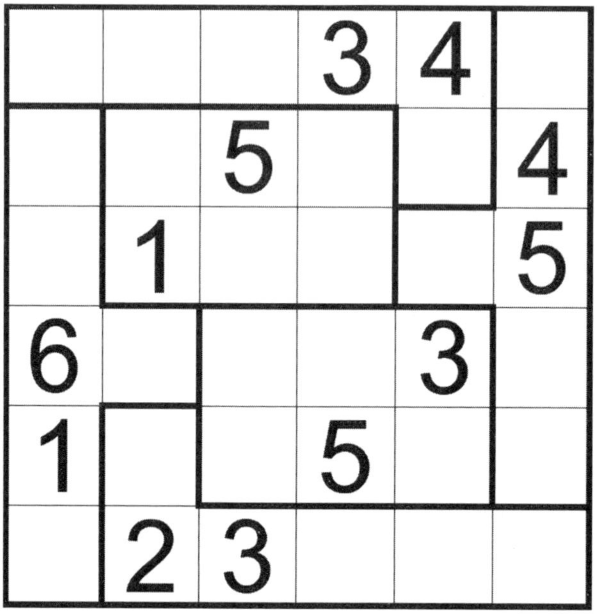

第2题(12分)

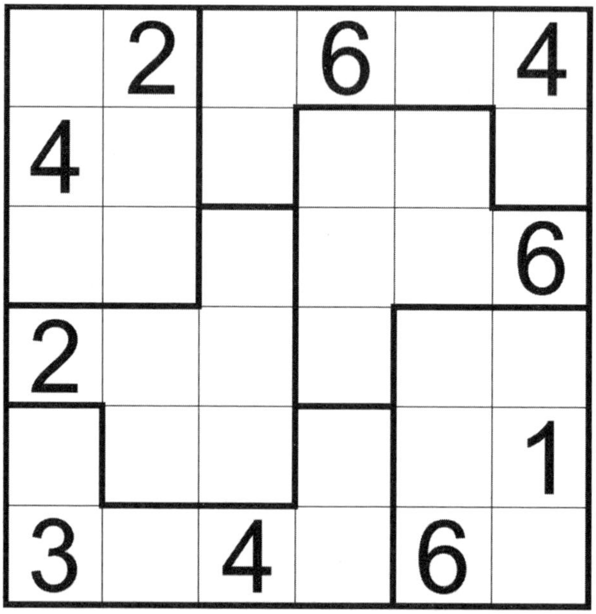

六宫连续数独(第3—4题):将数字1—6填入空格内,使每行、每列和每宫内的数字均不重复。灰色粗线两侧格内数字之差为1,没有灰色粗线的相邻两格内数字之差不能为1。

第3题(10分)

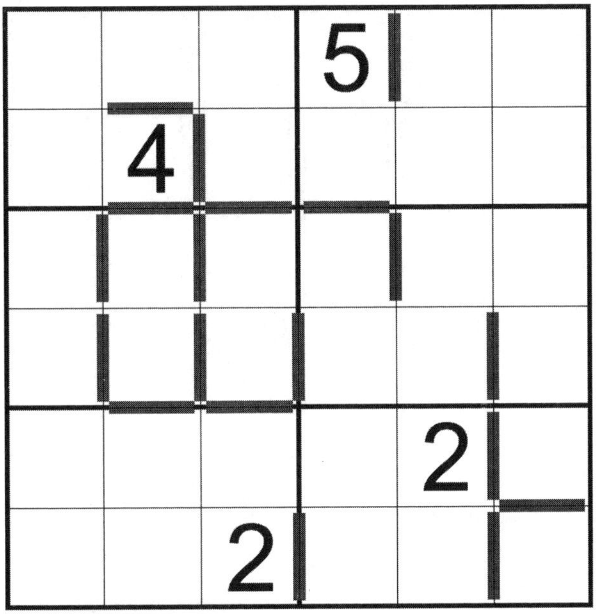

第4题(15分)

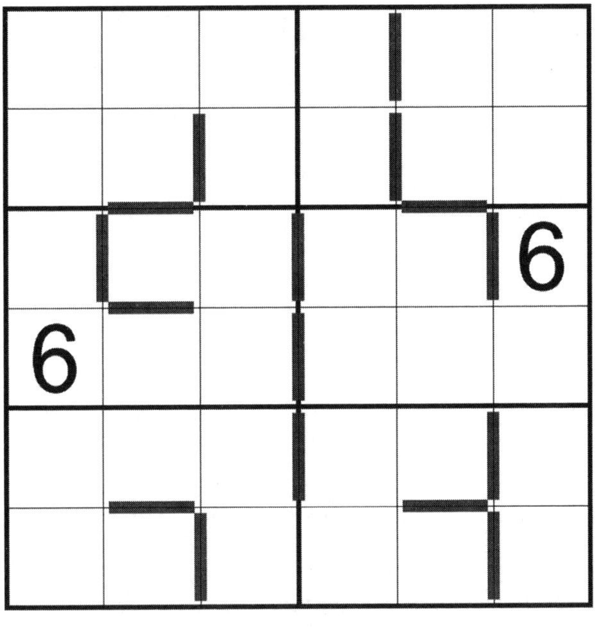

六宫杀手数独(第5—6题):将数字1—6填入空格内,使每行、每列和每宫内的数字均不重复。虚线框内提示数表示框内所有数字之和,同一虚线框内不能填入相同数字。

第5题(12分)

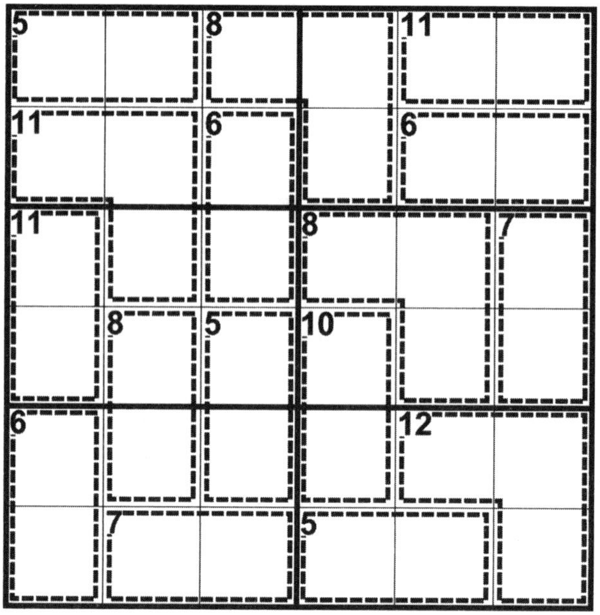

第6题(18分)

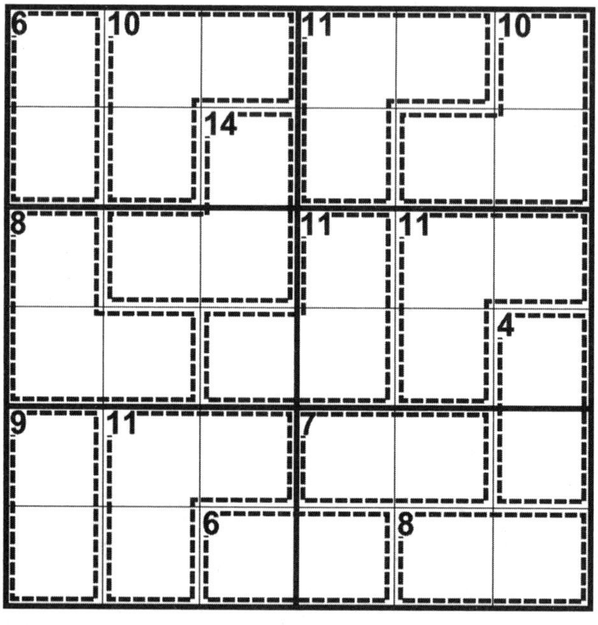

六宫不等号数独(第7—8题):将数字1—6填入空格内,使每行、每列和每宫内的数字均不重复。盘面内不等号表示两侧格内数字的大小关系。

第7题(14分)

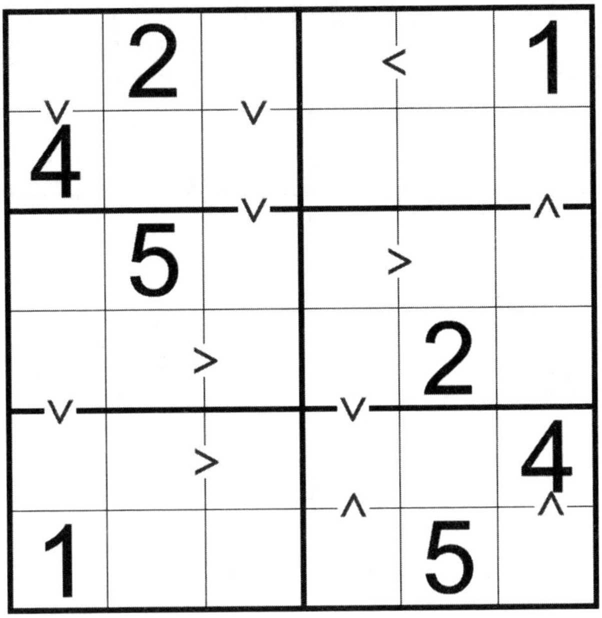

第8题(18分)

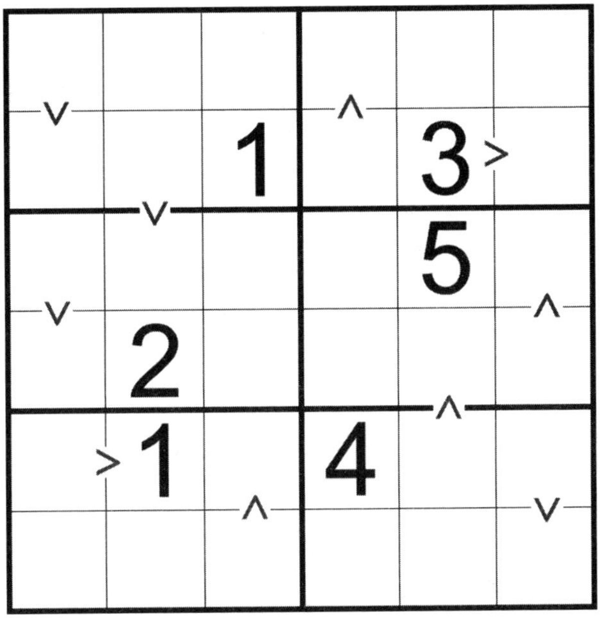

对角线数独：将数字1—9填入空格内，使每行、每列、每宫和两条对角线内的数字均不重复。

第9题（21分）

			1		2		6	
5				8	7	1		
	4				5			
2	3	1						7
	7						2	
6						3	4	1
			5				7	
		6	3	9				8
	8		2		4			

奇数数独：将数字1—9填入空格内，使每行、每列和每宫内的数字均不重复。灰色格内只能填入奇数。

第10题（21分）

7	8				6			
6				5		4		
			8				7	
		7						4
	4						1	
2						7		
	5				7			
		9		2				1
			9				4	7

2021全国青少年数独锦标赛初赛赛题

U12组　第1轮　限时:25分钟

1. 六宫数独……………………………………………………7分
2. 六宫数独……………………………………………………7分
3. 六宫数独……………………………………………………9分
4. 六宫数独……………………………………………………9分
5. 九宫数独……………………………………………………14分
6. 九宫数独……………………………………………………16分
7. 九宫数独……………………………………………………18分
8. 九宫数独……………………………………………………20分

总分……………………………………………………………100分

主办单位:国家体育总局社体中心　北京奥运城市发展基金会

承办单位:北京市数独运动协会　华奥星空科技发展有限公司

支持单位:人民画报社　北京市体育总会

歌华传媒集团　中华世纪坛管理中心

赞助单位:上海四季教育集团　北京积木智慧教育

六宫数独（第1—4题）：将数字1—6填入空格内，使每行、每列和每宫内的数字均不重复。

第1题（7分）

		2			
	1		2		4
3					
					1
6		4		2	
			6		

第2题（7分）

	1	3			
			1		
2					5
6					4
		6			
			5	6	

第3题(9分)

	3			4	
5				2	
			1		
		3			
	6				5
	4			1	

第4题(9分)

6		2			
			4		
3				6	
	1				3
		5			
			6		5

九宫数独(第5—6题):将数字1—9填入空格内,使每行、每列和每宫内的数字均不重复。

第5题(14分)

4				2				8
		1	8		3	9		
	3		1		9		2	
	6	3				2	9	
9								3
	8	7				6	5	
	1		2		5		4	
		4	3		7	5		
5				8				9

第6题(16分)

4			5		9			2
		7				8		
	3			4			9	
6			4		7			3
		4				7		
5			1		3			9
	2			5			3	
		9				5		
8			7		1			4

九宫数独(第7—8题):将数字1—9填入空格内,使每行、每列和每宫内的数字均不重复。

第7题(18分)

7			3				5	
		8		2		4		
	6				4			8
4			9			1		
	3			6			4	
		9			3			5
3			4				2	
		1		3		6		
	2				6			4

第8题(20分)

				8				
	8		5		3		7	
		7				4		
	4		3		2		6	
3								1
	7		6		1		3	
		1				9		
	3		8		6		4	
				7				

2021全国青少年数独锦标赛初赛赛题

U12组　第2轮　限时:40分钟

1. 六宫连续数独……………………………………………10分
2. 六宫连续数独……………………………………………12分
3. 六宫杀手数独……………………………………………13分
4. 六宫杀手数独……………………………………………16分
5. 六宫不等号数独…………………………………………13分
6. 六宫不等号数独…………………………………………13分
7. 七字不规则数独…………………………………………16分
8. 对角线数独………………………………………………20分
9. 额外区域数独……………………………………………17分
10. 奇偶数独…………………………………………………20分

总分…………………………………………………………150分

主办单位:国家体育总局社体中心　北京奥运城市发展基金会
承办单位:北京市数独运动协会　华奥星空科技发展有限公司
支持单位:人民画报社　北京市体育总会
　　　　歌华传媒集团　中华世纪坛管理中心
赞助单位:上海四季教育集团　北京积木智慧教育

六宫连续数独(第1—2题):将数字1—6填入空格内,使每行、每列和每宫内的数字均不重复。灰色粗线两侧格内数字之差为1,没有灰色粗线的相邻两格内数字之差不能为1。

第1题(10分)

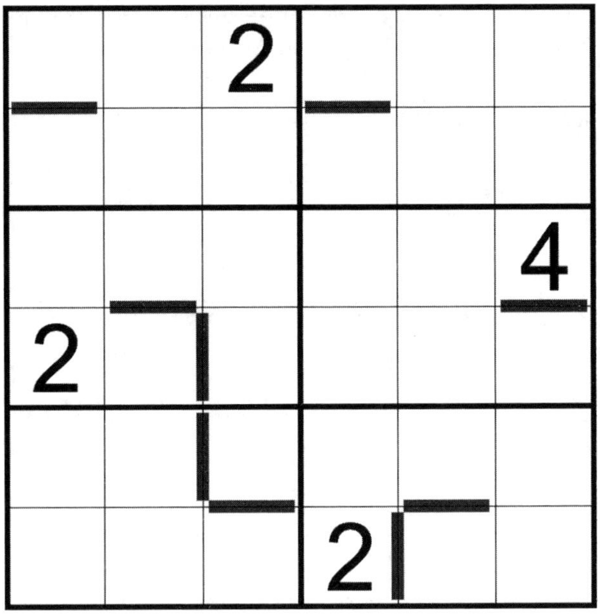

第2题(12分)

六宫杀手数独(第3—4题):将数字1—6填入空格内,使每行、每列和每宫内的数字均不重复。虚线框内提示数表示框内所有数字之和,同一虚线框内不能填入相同数字。

第3题(13分)

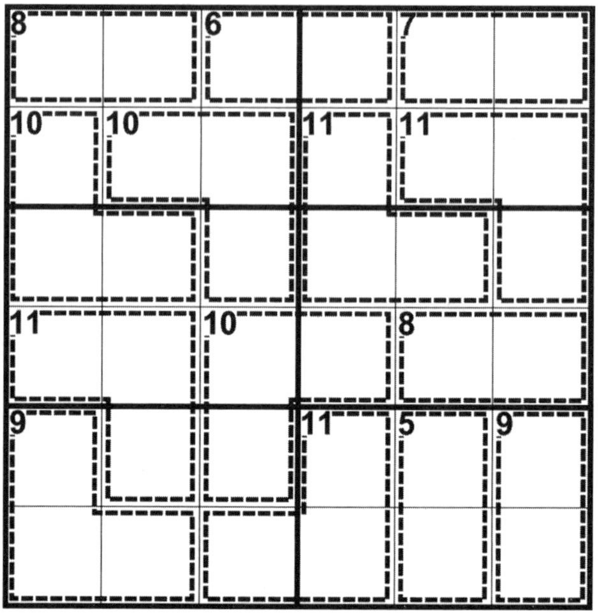

第4题(16分)

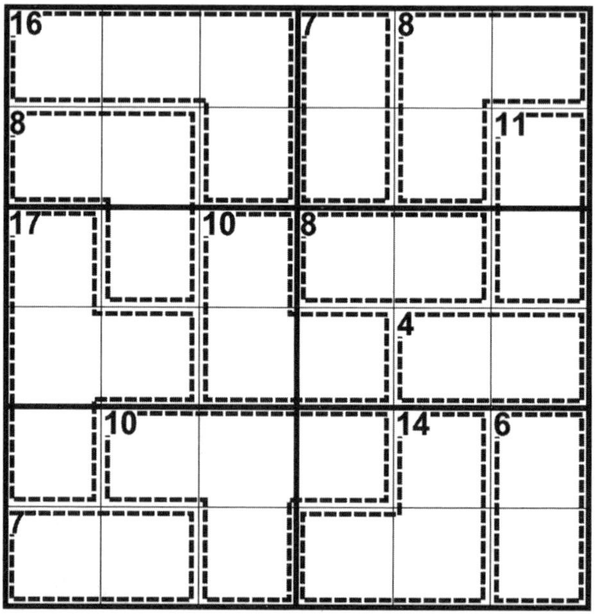

六宫不等号数独(第5—6题):将数字1—6填入空格内,使每行、每列和每宫内的数字均不重复。盘面内不等号表示两侧格内数字的大小关系。

第5题(13分)

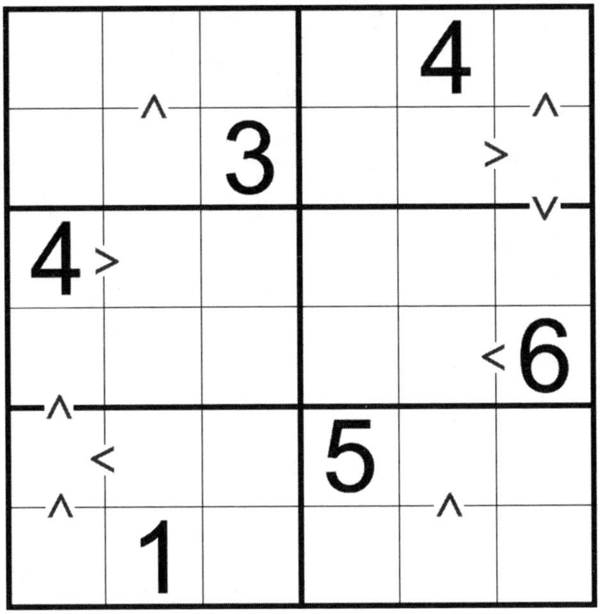

第6题(13分)

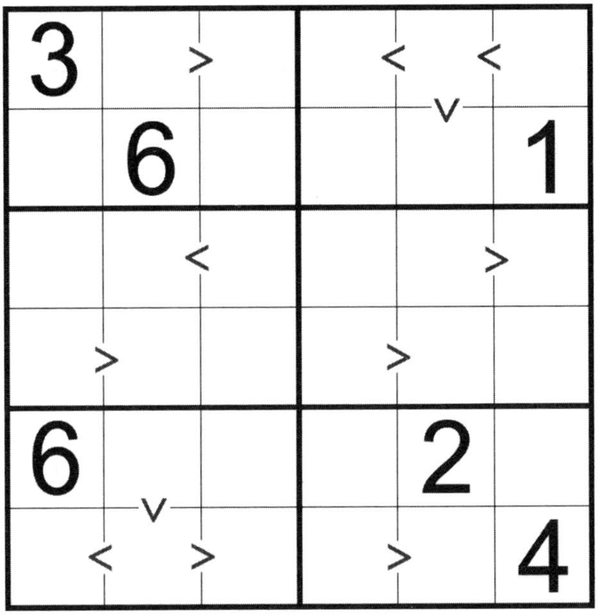

七字不规则数独：将数字1—7填入空格内，使每行、每列和每个不规则形粗线宫内的数字均不重复。

第7题（16分）

7		1		2		
			1		7	
3						7
	6		7		5	
4						2
	5		4			
		7		3		4

对角线数独：将数字1—9填入空格内，使每行、每列、每宫和两条对角线内的数字均不重复。

第8题（20分）

	6					7		
		7			6			2
5			3	8			4	
	3					6		
		6				9		
		4					3	
	2			4	8			7
4			7			2		
		3					8	

额外区域数独：将数字1—9填入空格内，使每行、每列、每宫和两组灰色区域内的数字均不重复。

第9题（17分）

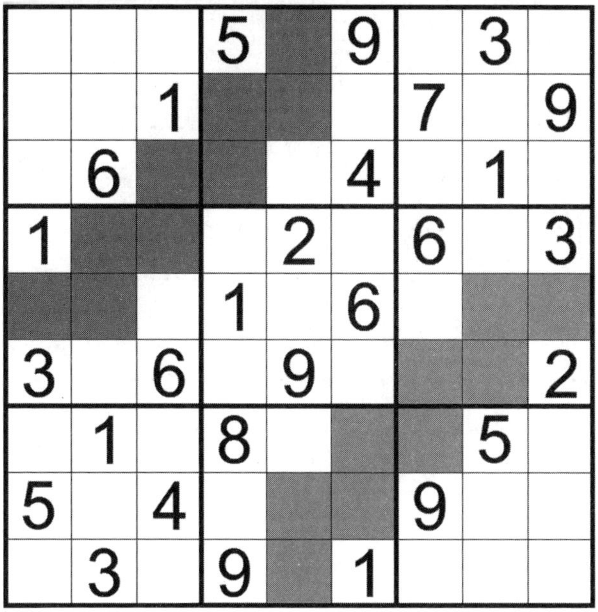

奇偶数独：将数字1—9填入空格内，使每行、每列和每宫内的数字均不重复。灰色圆圈格内只能填入奇数，灰色方块格内只能填入偶数。

第10题（20分）

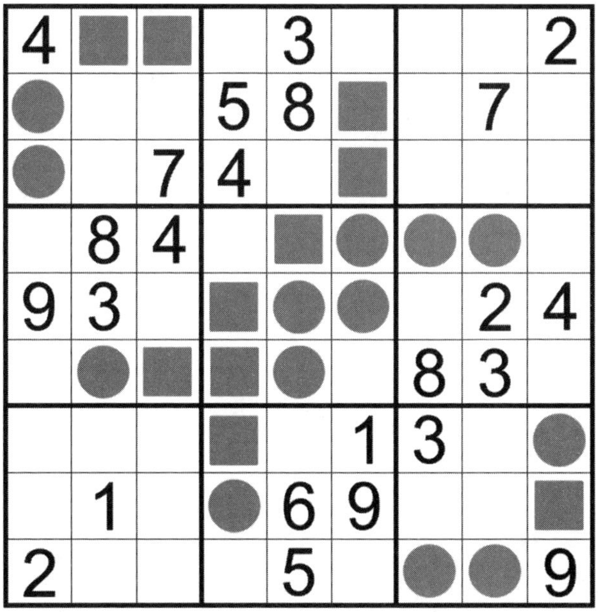

2021全国青少年数独锦标赛初赛赛题

U18组　第1轮　限时:25分钟

1. 六宫数独……………………………………7分
2. 六宫数独……………………………………7分
3. 六宫数独……………………………………10分
4. 六宫数独……………………………………10分
5. 九宫数独……………………………………13分
6. 九宫数独……………………………………15分
7. 九宫数独……………………………………18分
8. 九宫数独……………………………………20分

总分……………………………………………100分

主办单位:国家体育总局社体中心　北京奥运城市发展基金会
承办单位:北京市数独运动协会　华奥星空科技发展有限公司
支持单位:人民画报社　北京市体育总会
　　　　　歌华传媒集团　中华世纪坛管理中心
赞助单位:上海四季教育集团　北京积木智慧教育

六宫数独(第1—4题):将数字1—6填入空格内,使每行、每列和每宫内的数字均不重复。

第1题(7分)

		6			
	4			3	
6			5		
		2			4
	2			5	
			1		

第2题(7分)

		1			
	4			6	
			2		4
2		4			
	5			3	
			6		

第3题（10分）

		1			
	5	6			
2	6				
				2	6
			3	4	
			6		

第4题（10分）

		6			5
4				1	
				2	
	6				
	3				2
2			1		

九宫数独(第5—6题):将数字1—9填入空格内,使每行、每列和每宫内的数字均不重复。

第5题(13分)

	2			1			9	
		1			9			8
4		5			6			3
		3			7			1
	6			3			2	
1			2			3		
8			7			5		4
7			6			1		
	4			8			3	

第6题(15分)

6								8
		7	3		5	6		
	1		7		6		2	
	9	8				5	7	
				5				
	7	6				1	9	
	6		8		9		5	
		9	6		4	2		
3								9

九宫数独(第7—8题):将数字1—9填入空格内,使每行、每列和每宫内的数字均不重复。

第7题(18分)

		7				2		
	1		4	5	7		6	
4								3
	7		6		9		3	
	8						1	
	2		5		3		9	
2								1
	3		8	4	1		2	
		8				6		

第8题(20分)

						2		
		8					6	
	1		5					9
2		4		7		3		
	6		9		4		7	
		7		6		9		1
7					3		5	
	5					6		
		2						

2021全国青少年数独锦标赛初赛赛题

U18组　第2轮　限时:40分钟

1. 六宫不等号数独……………………………………8分
2. 六宫黑白点数独……………………………………11分
3. 奇偶大小数独……………………………………14分
4. 对角线数独……………………………………15分
5. 连续数独……………………………………15分
6. 不规则数独……………………………………14分
7. 杀手数独……………………………………20分
8. 无马数独……………………………………15分
9. 比例数独……………………………………19分
10. 克隆数独……………………………………19分

总分……………………………………150分

主办单位:国家体育总局社体中心　北京奥运城市发展基金会

承办单位:北京市数独运动协会　华奥星空科技发展有限公司

支持单位:人民画报　北京市体育总会

歌华传媒集团　中华世纪坛管理中心

赞助单位:上海四季教育集团　北京积木智慧教育

六宫不等号数独：将数字1—6填入空格内，使每行、每列和每宫内的数字均不重复。盘面内不等号表示两侧格内数字的大小关系。

第1题（8分）

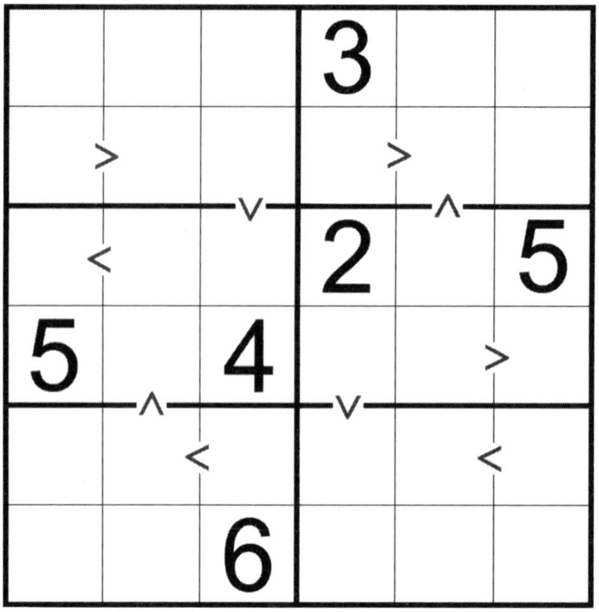

六宫黑白点数独：将数字1—6填入空格内，使每行、每列和每宫内的数字均不重复。盘面内黑点两侧格内数字为2倍关系，白点两侧格内数字之差为1，没有黑白点的相邻两格内数字不能出现上述两种关系。

第2题（11分）

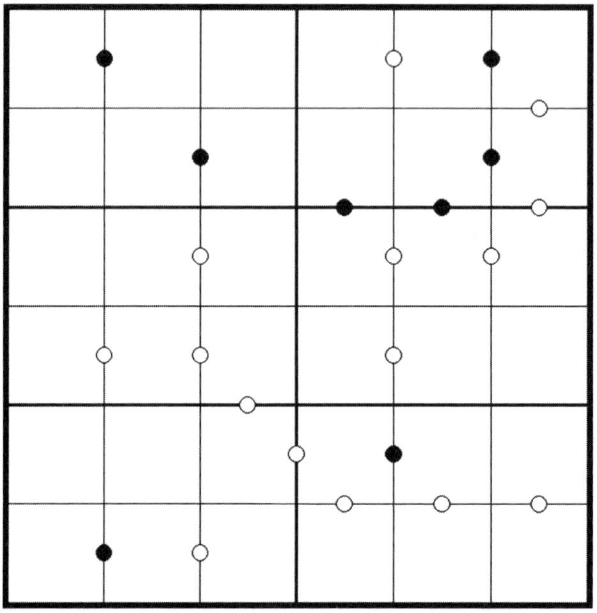

奇偶大小数独：将数字1—8填入空格内，使每行、每列和每宫内的数字均不重复。盘面外文字表示对应前两格内的数字属性。大表示数字5、6、7、8；小表示数字1、2、3、4；奇表示数字1、3、5、7；偶表示数字2、4、6、8。

第3题（14分）

			偶		大		小		
	3							4	
奇						7			
			1			6			奇
偶					2			3	
	8			6					偶
大			4			8			
			8						大
	6							7	
		小		奇		小			

对角线数独：将数字1—9填入空格内，使每行、每列、每宫和两条对角线内的数字均不重复。

第4题（15分）

						5	9	
2					5	7		
7	5			6	9			
	1	2						
		7				6		
						8	2	
			4	8			6	1
		8	9					3
	3	4						

连续数独：将数字1—9填入空格内，使每行、每列和每宫内的数字均不重复。灰色粗线两侧格内数字之差为1，没有灰色粗线的相邻两格内数字之差不能为1。

第5题（15分）

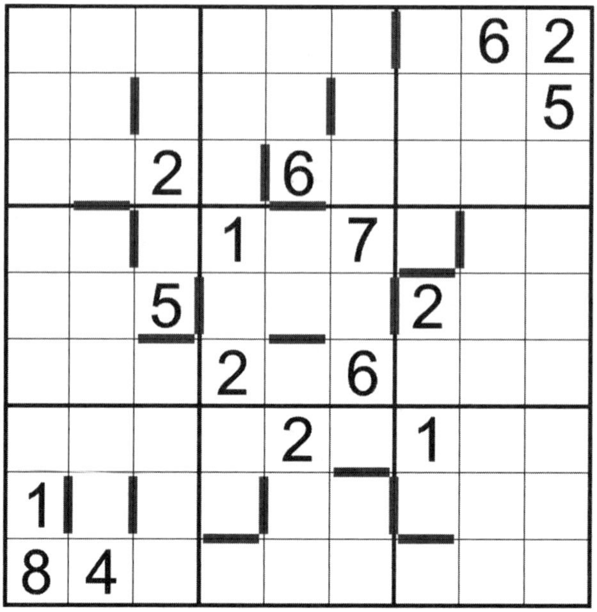

不规则数独：将数字1—9填入空格内，使每行、每列和每个不规则形粗线宫内的数字均不重复。

第6题（14分）

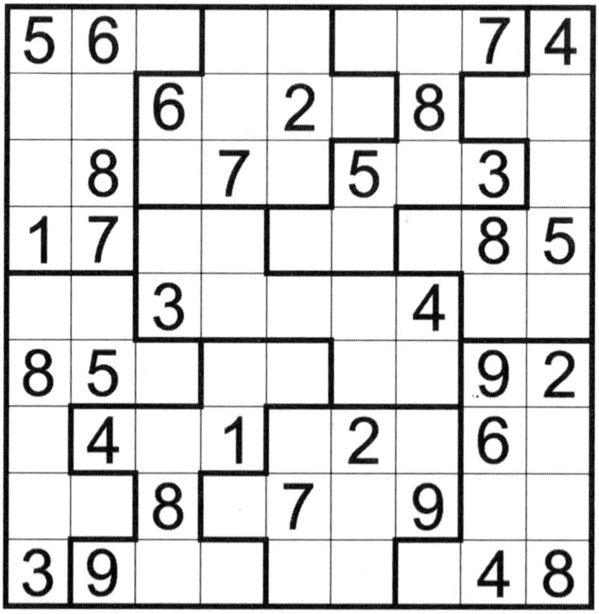

杀手数独:将数字1—9填入空格内,使每行、每列和每宫内的数字均不重复。虚线框内提示数表示框内所有数字之和,同一虚线框内不能填入相同的数字。

第7题(20分)

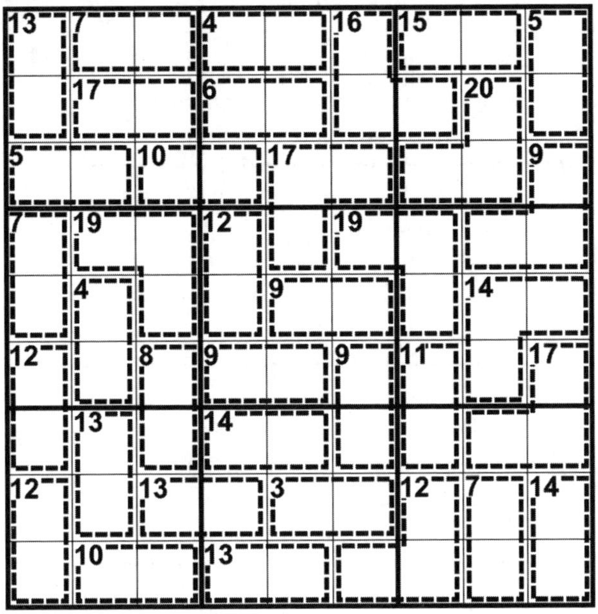

无马数独:将数字1—9填入空格内,使每行、每列和每宫内的数字均不重复。彼此形成国际象棋中马步位置的两格内不能填入相同的数字。

第8题(15分)

	4		9		5			
5		3				9		
	7						4	
8				5				4
			7		3			
1				2				9
	1						9	
		9				2		1
			1		9		8	

比例数独：将数字1—9填入空格内，使每行、每列和每宫内的数字均不重复。盘面内提示数表示两侧格内数字的比值关系。

第9题（19分）

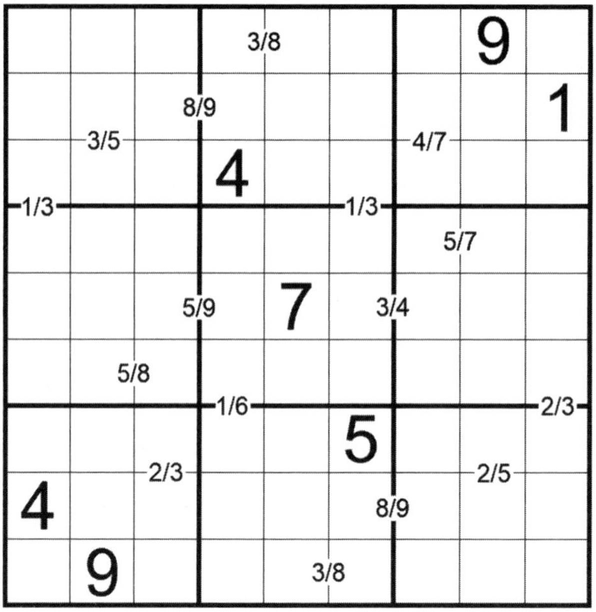

克隆数独：将数字1—9填入空格内，使每行、每列和每宫内的数字均不重复。盘面内两组灰色区域中相对位置相同的两格内填入的数字相同。

第10题（19分）

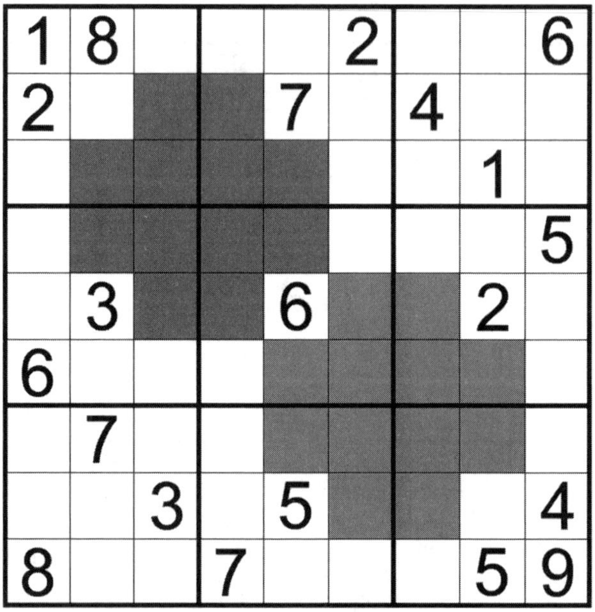

2021全国青少年数独锦标赛决赛赛题

U8组　总分800分　限时:60分钟

四宫标准数独:在空格内填入数字1—4,使得每行、每列和每个宫内数字均不重复。

第1题(20分)

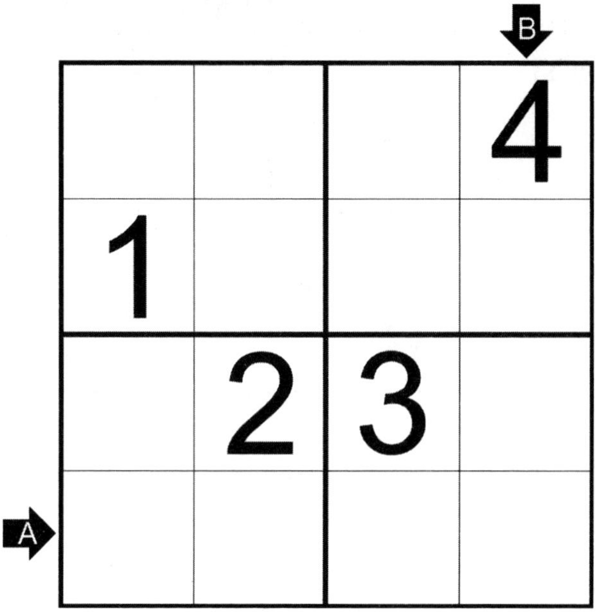

六宫标准数独：在空格内填入数字1—6，使得每行、每列和每个宫内数字均不重复。

第2题（40分）

B

A

6				2	
			4		6
				3	
	5				
4		2			
	6				4

标准数独：在空格内填入数字1—9，使得每行、每列和每个宫内数字均不重复。

第3题（80分）

B

A

8			3				2	
9							1	4
7			4		2			
		9		5		1		
	5		8		9		7	
		2		1		8		
			1		5			7
6	1							3
	9				4			1

五宫不规则数独(第4—5题):在空格内填入数字1—5,使得每行、每列和每个不规则宫内数字均不重复。

第4题(40分)

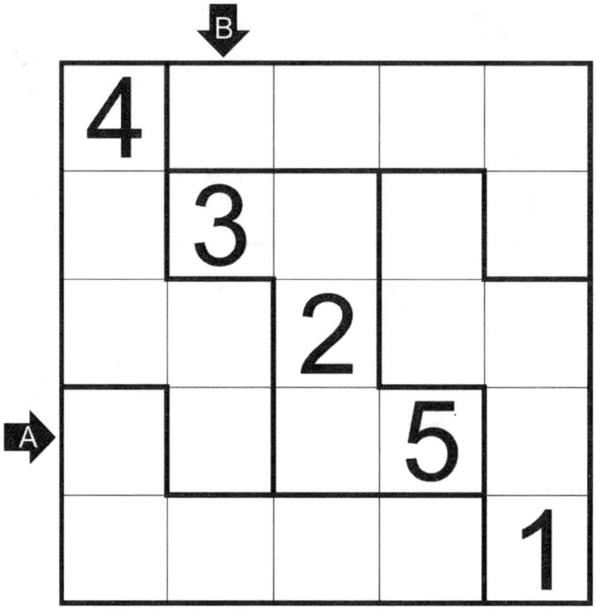

第5题(50分)

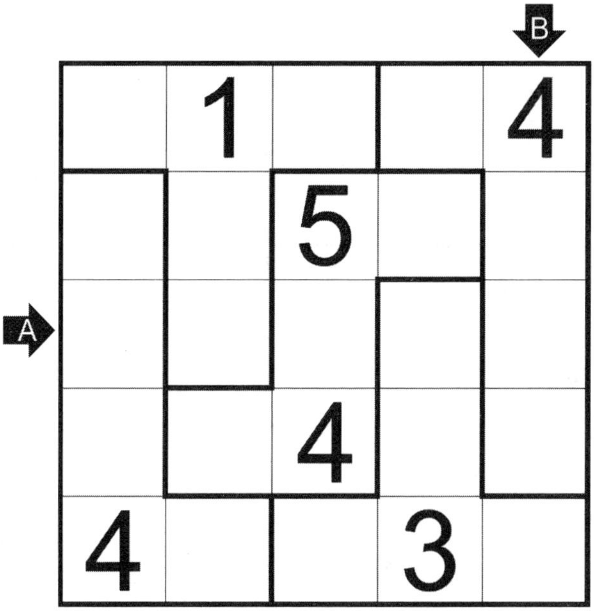

六宫对角线数独(第6—7题):在空格内填入数字1—6,使得每行、每列、每宫和两条对角线内数字均不重复。

第6题(45分)

			3		5
5	4				
				6	4
3		2			

第7题(55分)

		6		2	
					3
6					
					1
1					
	4		1		

六宫加法数独(第8—9题):在空格内填入数字1—6,使得每行、每列和每个宫内数字均不重复。提示数表示两侧或周围四格内的数字之和。

第8题(45分)

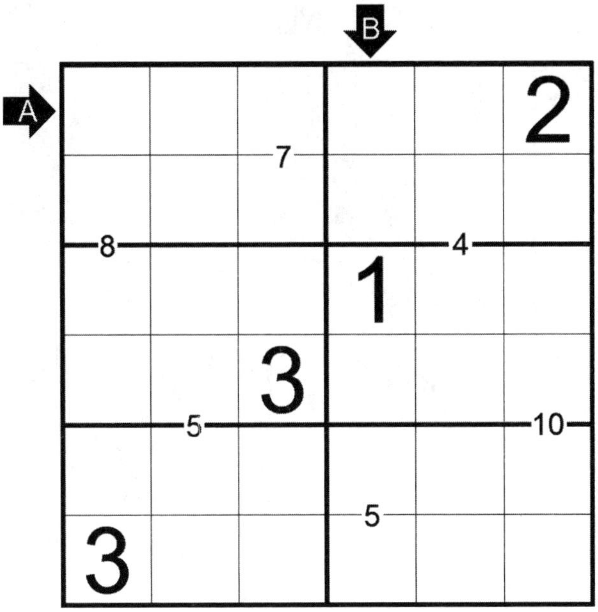

第9题(65分)

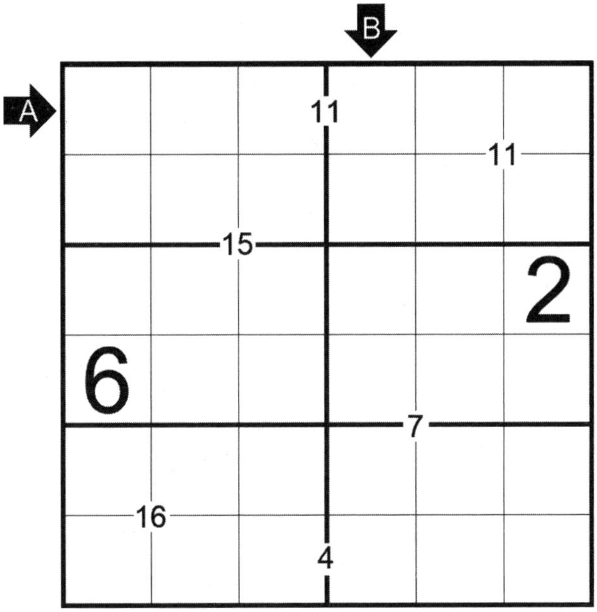

六宫额外区域数独（第10—11题）：在空格内填入数字1—6，使得每行、每列、每宫和每组六格灰色区域内数字均不重复。

第10题（45分）

第11题（60分）

六宫克隆数独(第12—13题):在空格内填入数字1—6,使得每行、每列和每宫内数字均不重复。两个灰色区域内相同位置的格内数字相同。

第12题(50分)

第13题(65分)

五六数独(第14—15题):在空格内填入数字1—6,使得每行、每列和每宫内数字均不重复。盘面内圆圈中的数字5和6分别表示两侧格内的数字之和是5和6。相邻两格间没有提示数的则两格内数字之和不能为5和6。

第14题(60分)

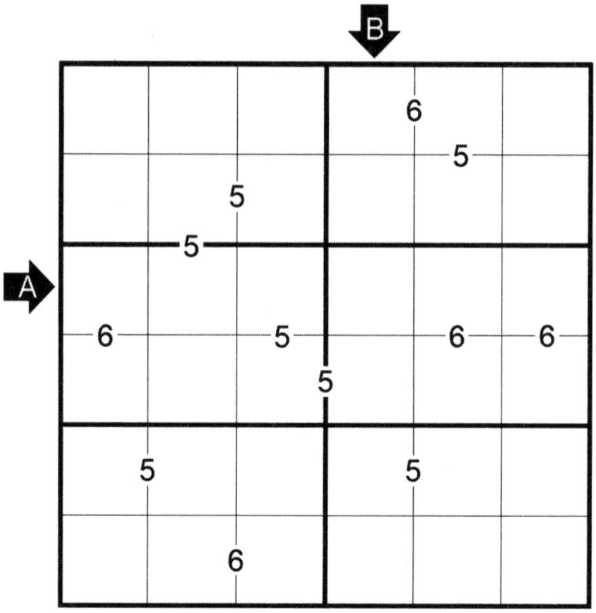

第15题(80分)

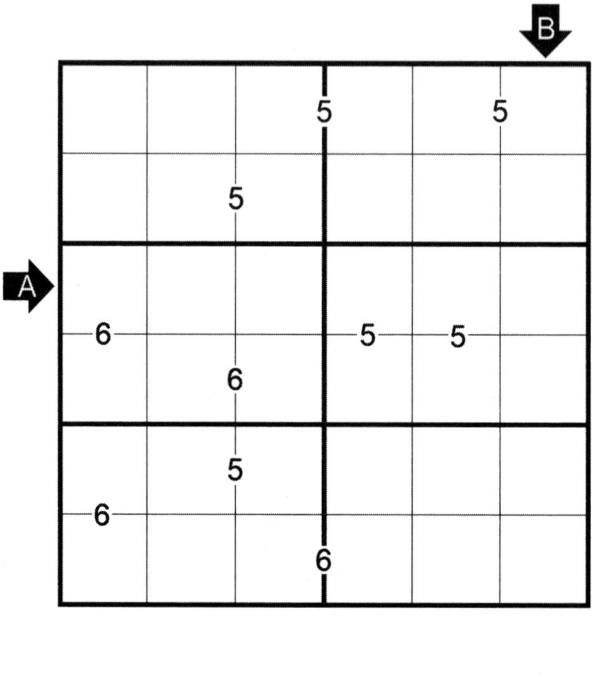

2021全国青少年数独锦标赛决赛赛题

U10组　总分800分　限时:60分钟

六宫标准数独:在空格内填入数字1—6,使得每行、每列和每个宫内数字均不重复。

第1题(30分)

B

6			1		
		4			
	4				1
5				6	
			6		
		3			4

A

标准数独：在空格内填入数字 1—9，使得每行、每列和每个宫内数字均不重复。

第 2 题（50 分）

					B↓				
				3		1		9	
A→	3		1				7		
		2		6				8	
	6				5		4		3
				1		4			
	7		8		3				6
		8				7		1	
			7				9		8
		6		8		3			

标准数独：在空格内填入数字 1—9，使得每行、每列和每个宫内数字均不重复。

第 3 题（70 分）

									B↓
		8						5	
	5		1						6
		2		4		8			
			3		4		7		
				8		6			
			6		9		2		
				1		7		9	
A→	9						6		4
		5						1	

六宫不规则数独(第4—5题):将数字1—6填入空格内,使每行、每列和每个不规则粗线宫内数字均不重复。

第4题(45分)

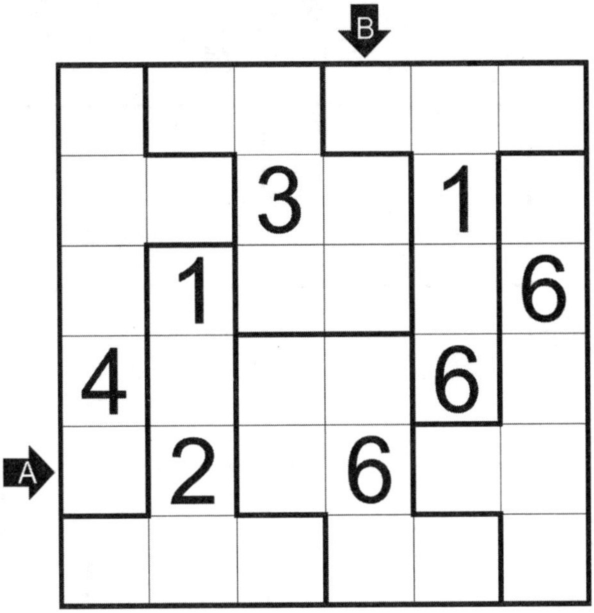

第5题(55分)

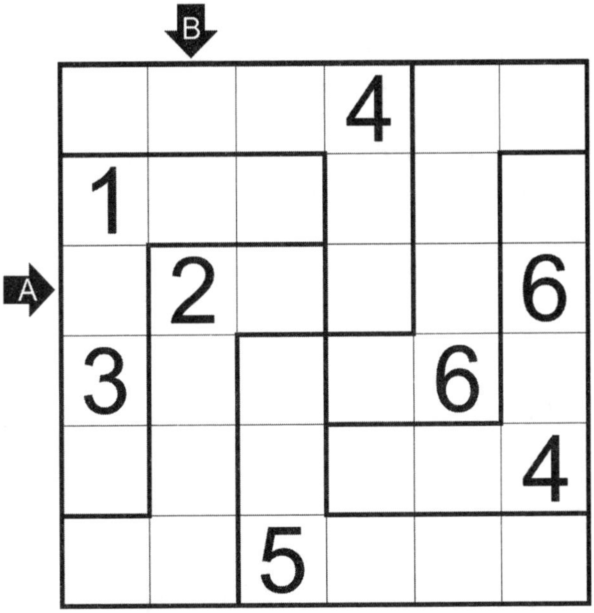

六宫连续数独(第6—7题):将数字1—6填入空格内,使每行、每列和每宫内数字均不重复。题目中相邻两格间标有灰色粗线的,这两格内数字之差为1;相邻两格间没标灰色粗线的,这两格内数字之差不能为1。

第6题(45分)

第7题(60分)

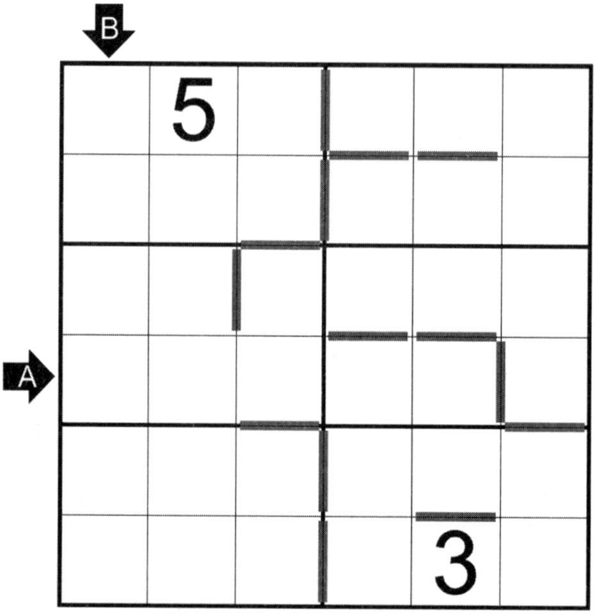

六宫杀手数独(第8—9题):将数字1—6填入空格内,使每行、每列和每宫内数字均不重复。虚线框内提示数表示该框内所有数字之和,同一虚线框内不能出现相同的数字。

第8题(45分)

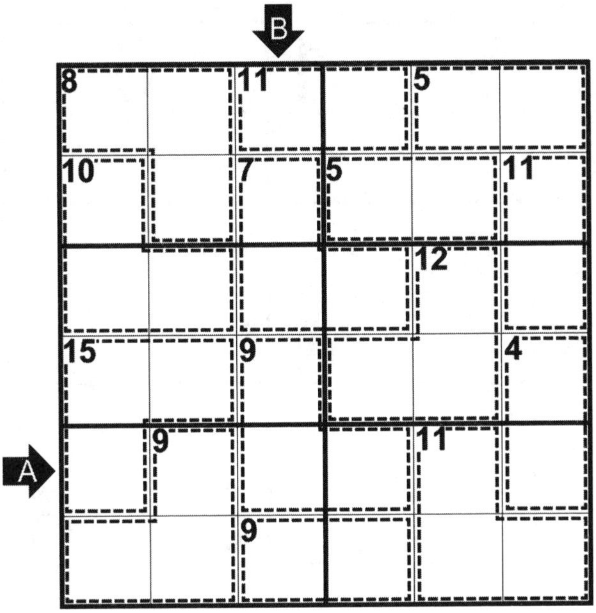

第9题(60分)

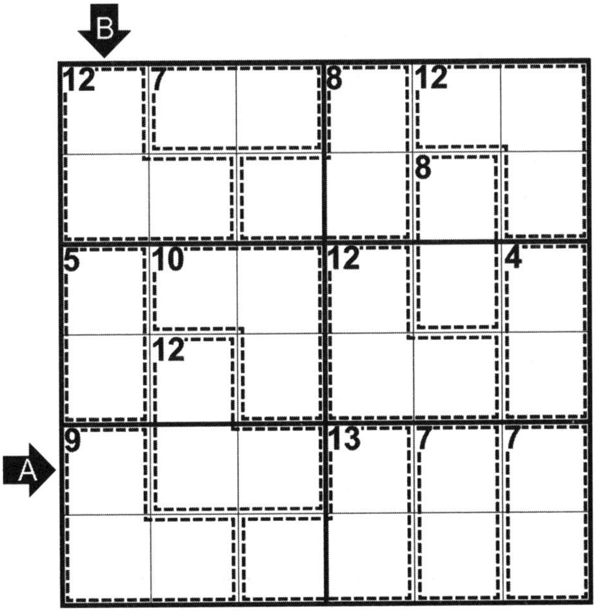

六宫不等号数独（第10—11题）：将数字1—6填入空格内，使每行、每列和每宫内数字均不重复。盘面内不等号表示相邻两侧格内数字的大小关系。

第10题（45分）

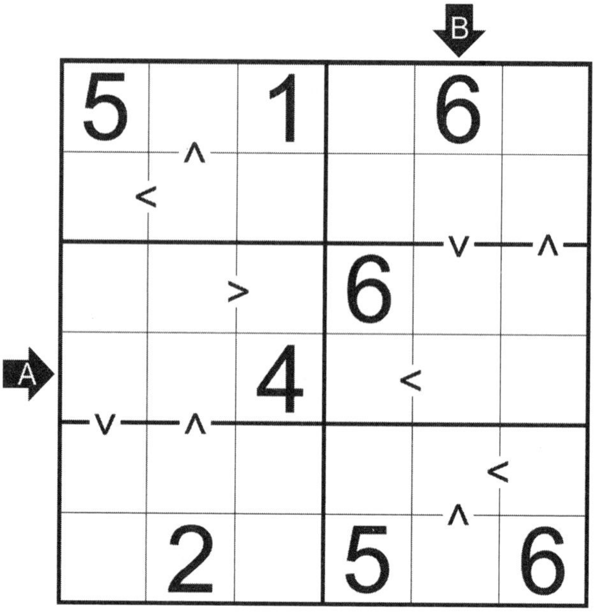

第11题（65分）

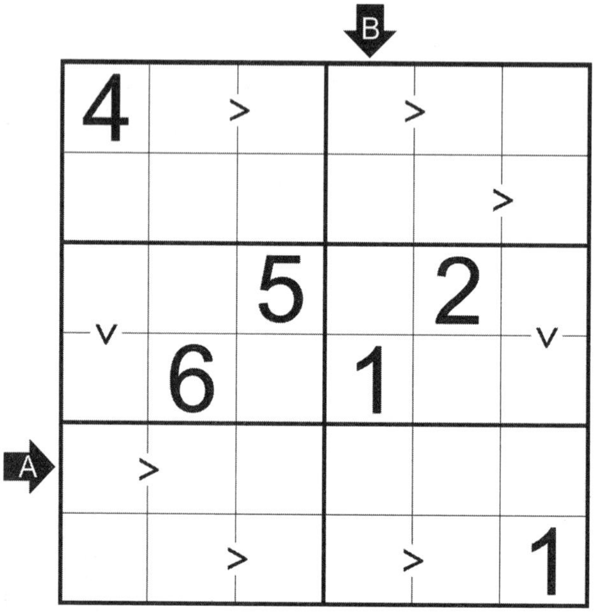

六宫无缘数独(第12—13题):把数字1—6填入空格内,使每行、每列和每宫都是数字1—6。盘面中所有对角相邻的两格内不能出现相同的数字。

第12题(40分)

	2		4		
5					
					1
3					
					2
		2		6	

第13题(50分)

	1			4	
1					3
5					2
	5			6	

对角线数独：将数字1—9填入空格内，使每行、每列、每宫和两个对角线内数字均不重复。

第14题（70分）

					5		6	
3				8		9		
	1		9		3			
8		9				1		
	3						5	
		7				4		9
			6		9		4	
		6		7				5
	7		3					

奇数数独：将数字1—9填入空格内，使每行、每列和每宫内数字均不重复。灰色格内只能填入奇数。

第15题（70分）

		1				2		
	8				9			7
4				8				
		2						1
	6		1		8		5	
9						7		
				6				4
8			4				1	
		3				5		

2021全国青少年数独锦标赛决赛赛题

U12组　总分800分　限时：60分钟

标准数独：在空格内填入数字1—9，使得每行、每列和每个宫内数字均不重复。

第1题（55分）

					B				
	8							7	
A				7			6	4	1
			1			5		3	
		7			1		9		
				2	5	7			
			2		4			1	
		1		9			3		
	6	2	7			1			
		8							2

六宫连续数独(第2—3题):将数字1—6填入空格内,使每行、每列和每宫内数字均不重复。题目中相邻两格间标有灰色粗线的,这两格内数字之差为1;相邻两格间没标灰色粗线的,这两格内数字之差不能为1。

第2题(35分)

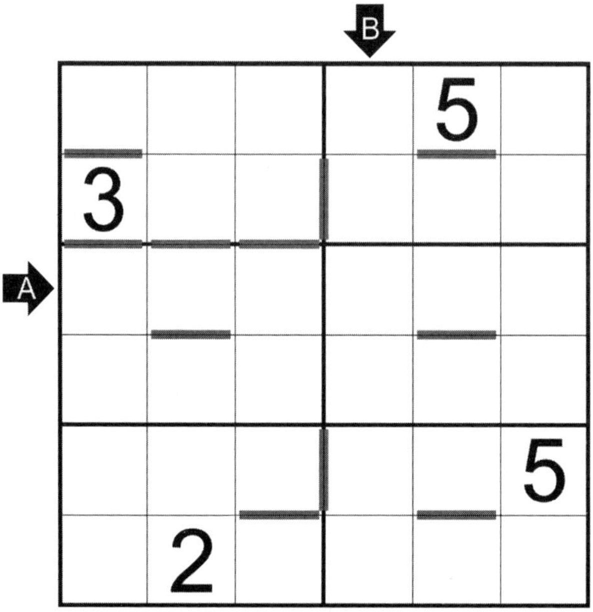

第3题(45分)

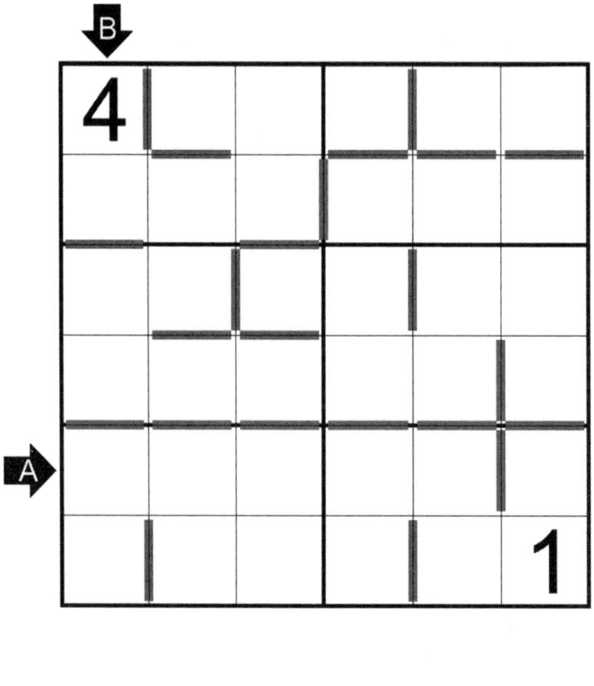

六宫杀手数独(第4—5题):将数字1—6填入空格内,使每行、每列和每宫内数字均不重复。虚线框内提示数表示该框内所有数字之和,同一虚线框内不能出现相同的数字。

第4题(30分)

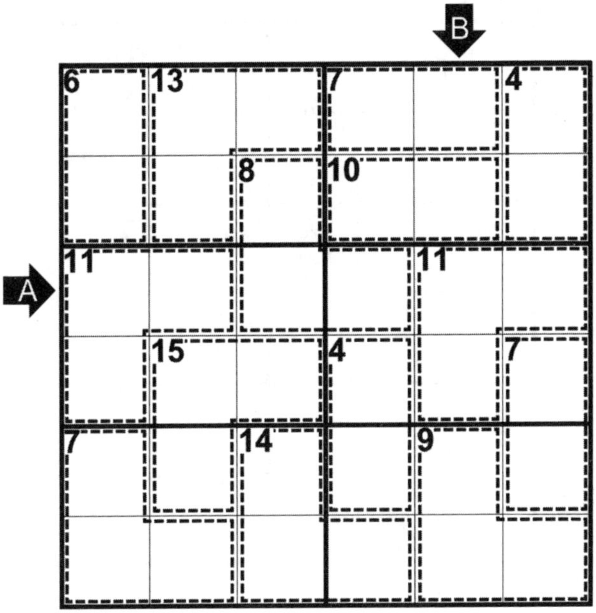

第5题(55分)

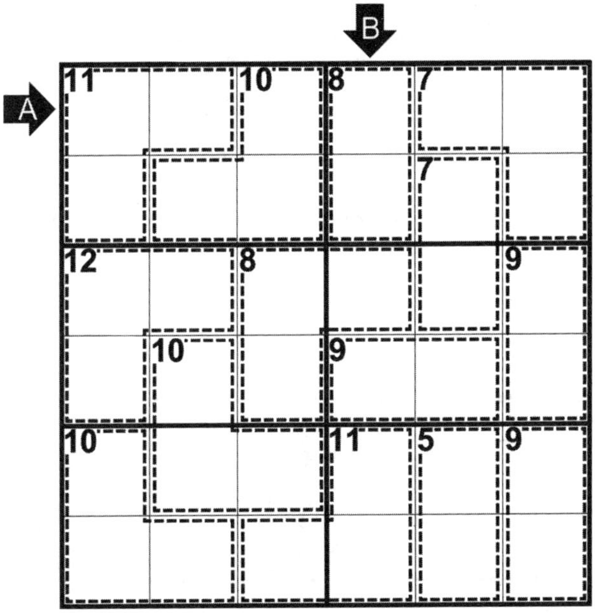

六宫不等号数独(第6—7题):将数字1—6填入空格内,使每行、每列和每宫内数字均不重复。盘面内不等号表示相邻两侧格内数字的大小关系。

第6题(35分)

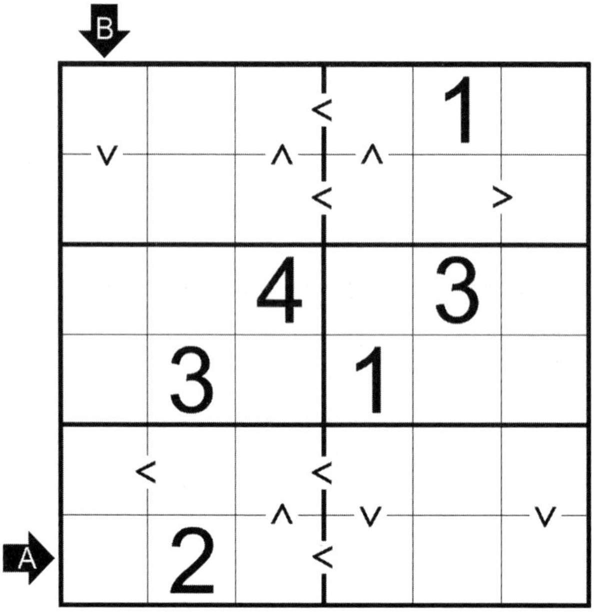

第7题(45分)

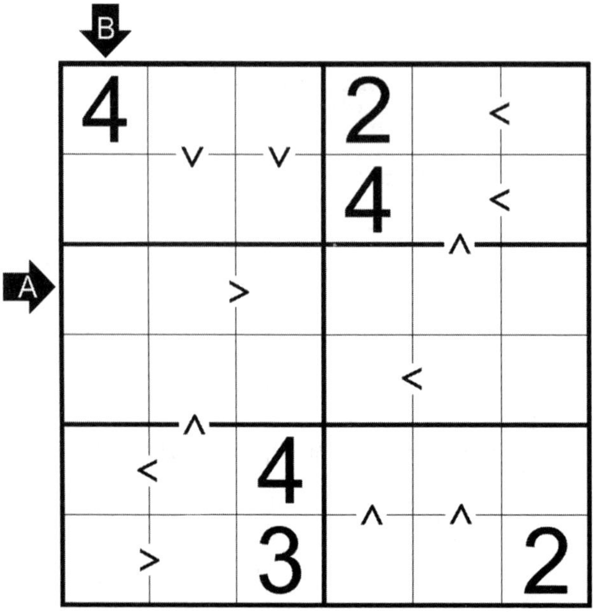

六宫摩天楼数独(第8—9题):将数字1—6填入空格内,使每行、每列和每宫内数字均不重复。盘面外提示数表示从该方向观测可以看到楼房的个数,盘面内数字表示不同高度的楼房,层数高的楼房会挡住层数低楼房被观测的视线。

第8题(35分)

		B						
		3	2	2	1	2	2	
A	3							3
	2		6					3
	3			2				1
	3				4			2
	1					3		3
	4							2
		2	3	3	2	1	4	

第9题(50分)

				B				
		2	4	4	1	3	4	
	2							3
	1							3
A	3							2
	2							4
	2							2
	3							1
		2	2	2	4	3	1	

七宫不规则数独：将数字1—7填入空格内，使每行、每列和每个不规则粗线宫内数字均不重复。

第10题（65分）

			4		2	
3		5				
					4	
		2		4		
	6					
				6		1
	5		1			

对角线数独：将数字1—9填入空格内，使每行、每列、每宫和两个对角线内数字均不重复。

第11题（75分）

	4				5		7	
3						6		2
			7				4	
		6		5				3
			6		1			
8				9		7		
	3				9			
1		8						5
	2		5				3	

奇偶数独：将数字1—9填入空格内，使每行、每列和每宫内数字均不重复。灰色圆形格内只能填奇数(1、3、5、7、9)，灰色方形格内只能填偶数(2、4、6、8)。

第12题(65分)

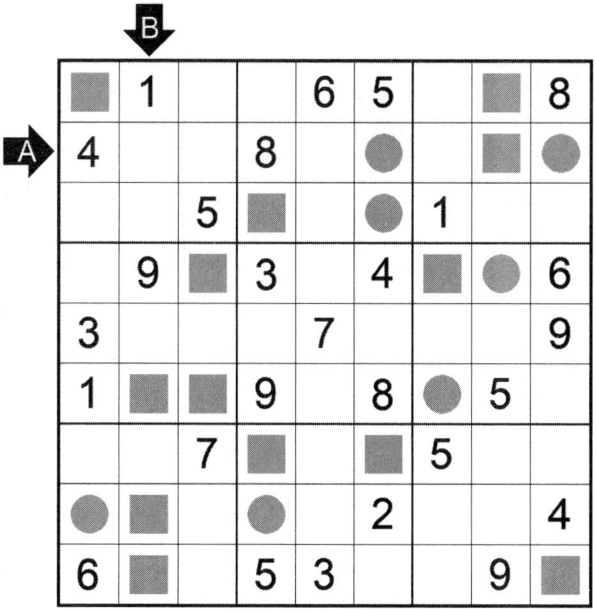

乘积数独：将数字1—9填入空格内，使每行、每列和每宫内数字均不重复。盘面内提示数表示两侧格内数字的乘积。

第13题(60分)

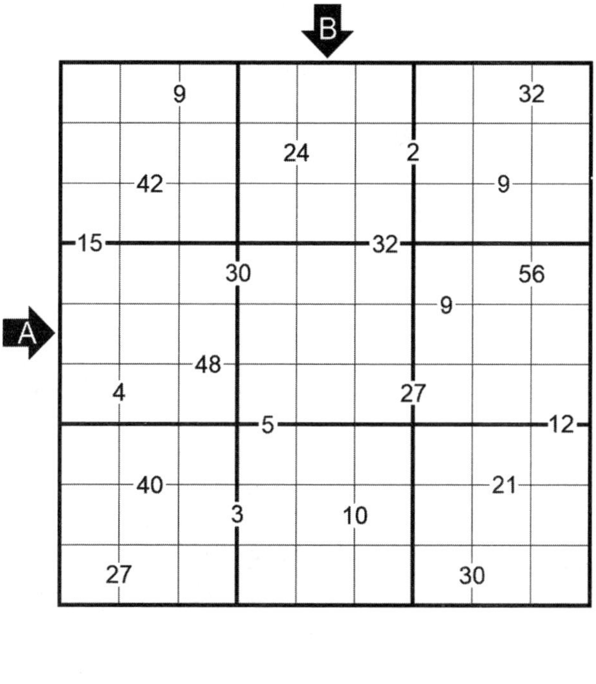

比例数独：将数字1—9填入空格内，使每行、每列和每宫内数字均不重复。盘面内提示数表示所在格内两个数字的比值关系。

第14题(80分)

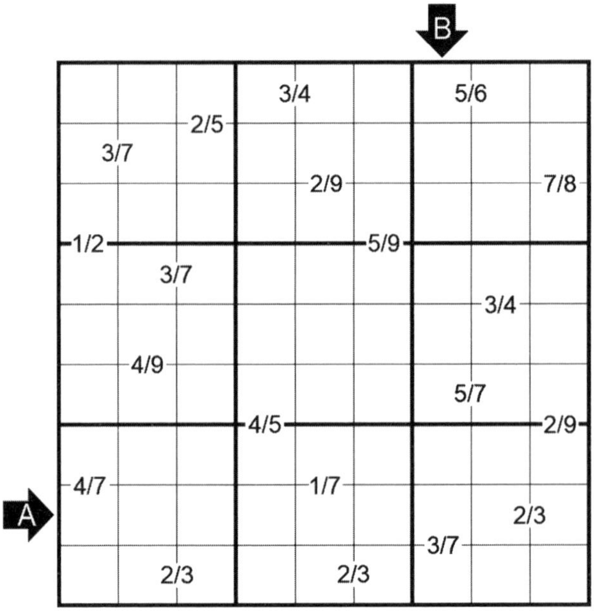

克隆数独：在空格内填入数字1—9，使得每行、每列和每宫都是数字1—9，两个灰色区域内相同位置的格内数字相同。

第15题(70分)

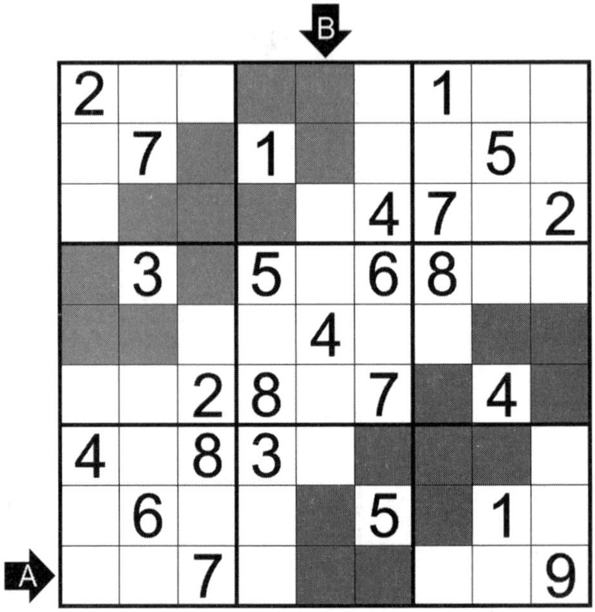

2021全国青少年数独锦标赛决赛赛题

U18组　总分800分　限时:60分钟

标准数独(第1—2题):在空格内填入数字1—9,使得每行、每列和每个宫内数字均不重复。

第1题(30分)

					B				
					6		1	5	
A	1	4	7						6
				9		4		2	
	6			3			7		
			2				5		
			3			5			2
		7		2		8			
	8						2	7	9
		1	6		5				

第2题(40分)

B

5			4	7				
6		7					1	
				6		7		2
	7		8		6		3	
	5						2	
	6		2		4		9	
9		3		1				
	4					3		1
				4	3			8

A

标准数独(第3—4题):在空格内填入数字1—9,使得每行、每列和每个宫内数字均不重复。

第3题(55分)

B

	3		6			8		
6		9	7					
	5			8				1
3	1			7				
		5	2		9	1		
				5			4	8
7				3			1	
					7	4		2
		1			8		9	

A

第4题(55分)

				6	3		2	
	5					9		8
4		2					3	
			2			3		9
8			9		5			6
1		9			6			
	7					1		4
6		4					5	
	1		7	4				

标准数独:在空格内填入数字1—9,使得每行、每列和每个宫内数字均不重复。

第5题(60分)

	8			9		4		
			2		6			5
4		6				1		
	7		9		1		3	
8								1
	4		7		5		2	
		4				9		7
7			5		2			
		3		7			1	

对角线数独：将数字1—9填入空格内，使每行、每列、每宫和两个对角线内数字均不重复。

第6题（60分）

B ↓（第5列）

	4				3		9	
5		6						7
	1		8		7			
		7				3		9
3		1				4		
			7		9		4	
9						5		8
	3		2				7	

A →（第5行）

不规则数独：将数字1—9填入空格内，使每行、每列和每个不规则粗线宫内数字均不重复。

第7题（50分）

B ↓（第7列）

	1		2		3	4		
		8		2				3
7							9	
4				6				1
	8		1		9		6	
2				3				7
	3							2
3				9		6		
		2	3		1		4	

A →（第7行）

连续数独：将数字1—9填入空格内，使每行、每列和每宫内数字均不重复。题目中相邻两格间标有灰色粗线的，这两格内数字之差为1；相邻两格间没标灰色粗线的，这两格内数字之差不能为1。

第8题（55分）

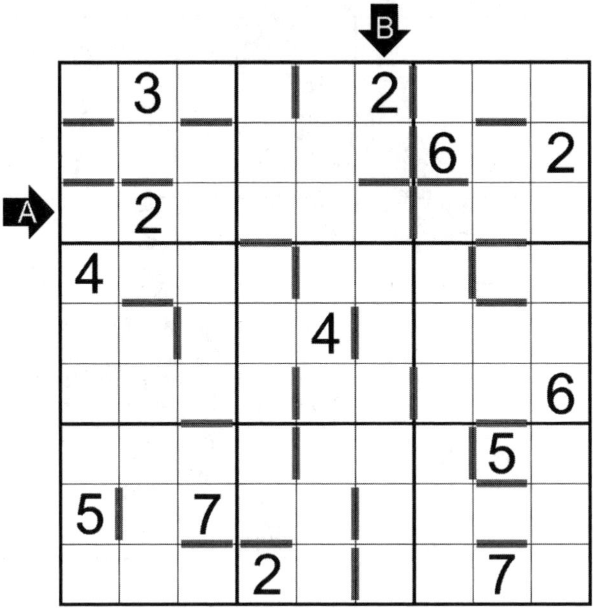

杀手数独：将数字1—9填入空格内，使每行、每列和每宫内数字均不重复。虚线框内提示数表示该框内所有数字之和，同一虚线框内不能出现相同的数字。

第9题（55分）

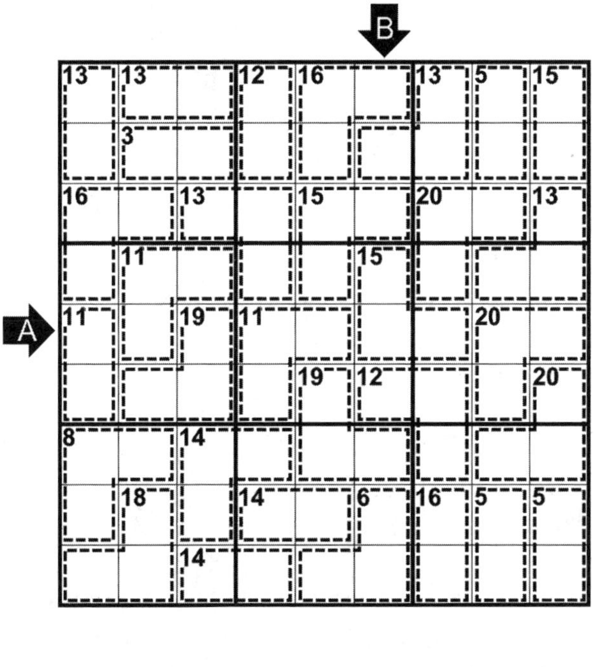

额外区域数独：额外区域数独：在空格内填入数字1—9，使得每行、每列、每宫和每组灰色区域内数字均不重复。

第10题（50分）

无马数独：在空格内填入数字1—9，使得每行、每列和每宫内数字均不重复。彼此形成国际象棋中的马步位置（二拐一）的两格内不能填入相同的数字。

第11题（50分）

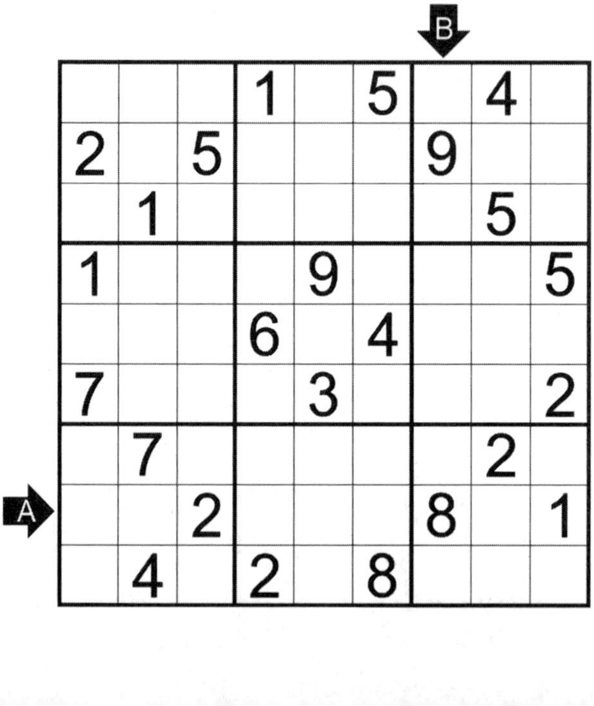

比例数独：将数字1—9填入空格内，使每行、每列和每宫内数字均不重复。盘面内提示数表示所在格内两个数字的比值关系。

第12题(65分)

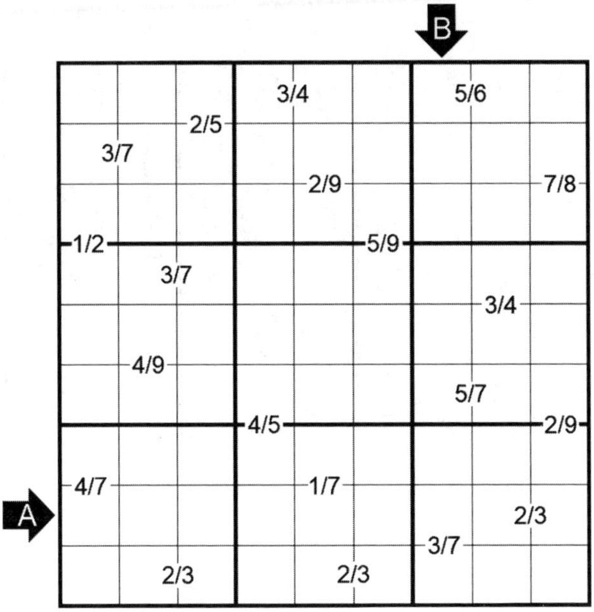

回文数独：在空格内填入数字1—9，使得每行、每列和每个宫内数字不重复。盘面内每条灰线首尾依次对应位置的格内数字相同，例如2-3-6-6-3-2或1-5-4-5-1。

第13题(55分)

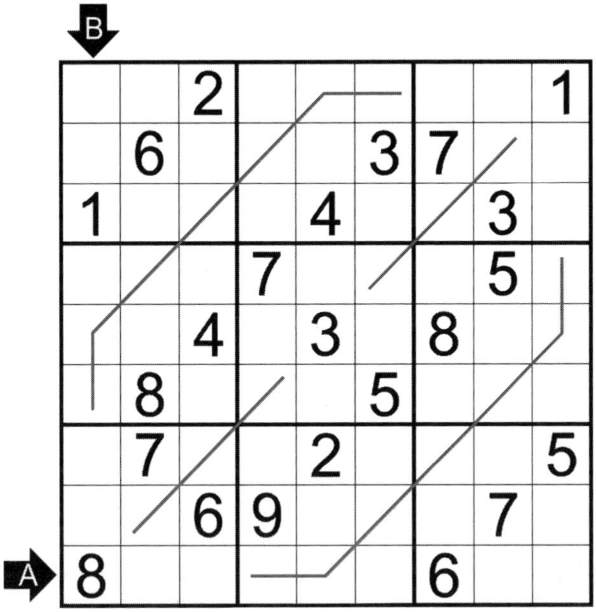

奇偶胶囊数独：在空格内填入数字1—9，使得每行、每列和每宫内数字均不重复。盘面内每个灰线框两格内均包含一个奇数和一个偶数。

第14题（65分）

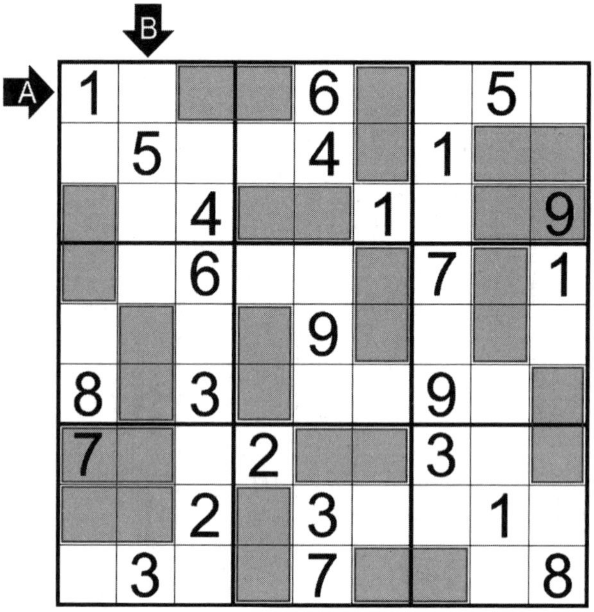

VX数独：在空格内填入数字1—9，使得每行、每列和每个宫内数字不重复。盘面中符号V两侧格内数字之和为5，符号X两侧格内数字之和为10，没有VX符号的相邻两格内数字之和不能为5或10。

第15题（55分）

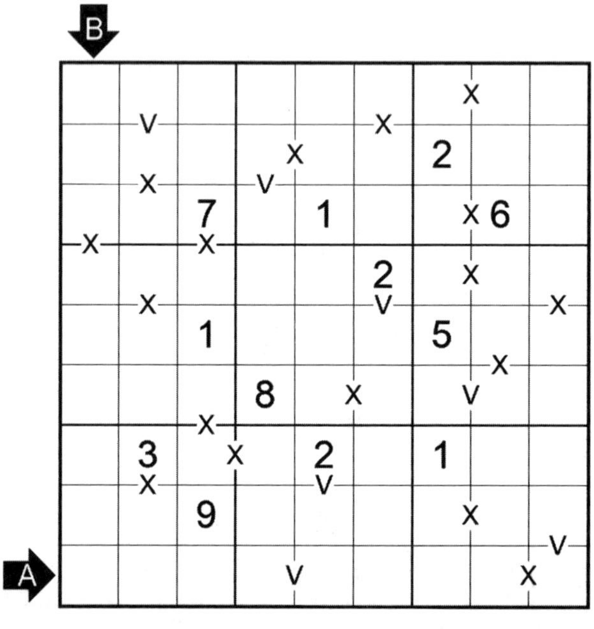

2022全国青少年数独锦标赛
初赛(网络赛)赛题

U8组　总分250分　限时:75分钟

1. 四宫数独……5分
2. 四宫数独……5分
3. 六宫数独……10分
4. 六宫数独……11分
5. 六宫数独……12分
6. 六宫数独……14分
7. 九宫数独……21分
8. 九宫数独……24分
9. 五宫项链数独……13分
10. 五宫项链数独……14分
11. 六宫对角线数独……11分
12. 六宫对角线数独……14分
13. 六宫无缘数独……11分
14. 六宫无缘数独……15分
15. 六宫不等号数独……15分
16. 六宫不等号数独……19分
17. 六宫加法数独……15分
18. 六宫加法数独……21分

四宫标准数独(第1—2题):在空格内填入数字1—4,使得每行、每列和每个宫内数字均不重复。

第1题(5分)

				B
		2		
			1	
		3		1
A	4			

第2题(5分)

			B	
	1			
	2			3
	3			1
A				

六宫标准数独(第3—4题):在空格内填入数字1—6,使得每行、每列和每个宫内数字均不重复。

第3题(10分)

B(第6列)

A(第4行)

	6			1	
4					5
		5	4		
		1	3		
2					3
	3			2	

第4题(11分)

B(第3列)

A(第1行)

	1		6		
		6			
4				2	
	2				1
			2		
		4		5	

六宫标准数独(第5—6题):在空格内填入数字1—6,使得每行、每列和每个宫内数字均不重复。

第5题(12分)

						B
			5		6	2
	2					
A					3	
		5				
						4
	4	3		1		

第6题(14分)

				B		
		4			2	
			6			
		3				4
	5				1	
				4		
A		1			3	

标准数独：在空格内填入数字1—9，使得每行、每列和每个宫内数字均不重复。

第7题（21分）

									B
						7	2	6	
		3	7	9		6	4	5	
		4		5					
		7	8	4		9	3	1	6
A					7				
	4	5	6	3		8	7	2	
						4		9	
		6	9	8		5	1	4	
		2	4	7					

标准数独：在空格内填入数字1—9，使得每行、每列和每个宫内数字均不重复。

第8题（24分）

				B					
	1	2			3	8			9
	7	5				4	3		
			3				4	8	
A				1				6	8
	2								5
	8	1				9			
		4	7				8		
			2	5				3	4
	3			8	4			9	7

五宫项链数独（第9—10题）：将数字1—5填入空格内，使每行、每列和每组项链五格内数字均不重复。

第9题（13分）

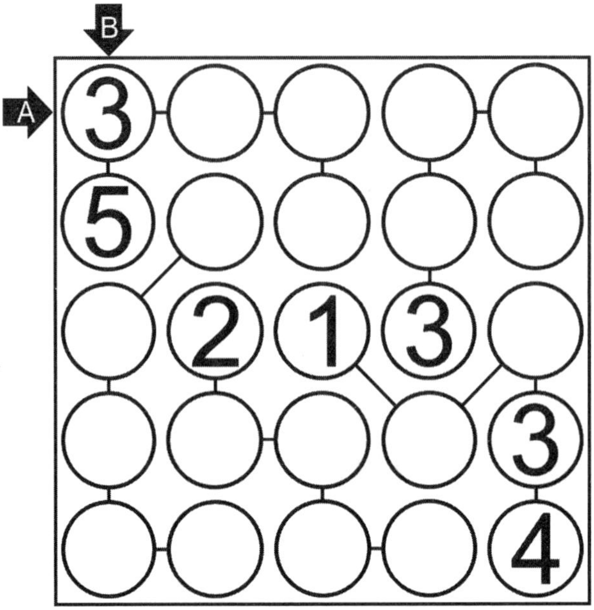

第10题（14分）

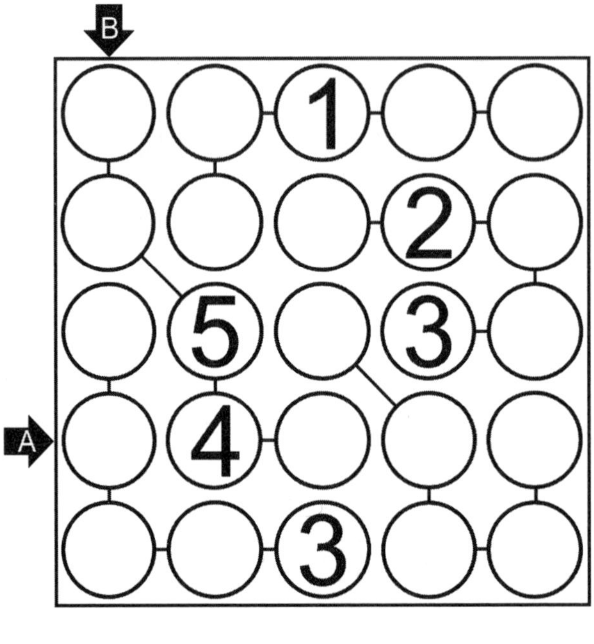

六宫对角线数独（第11—12题）：将数字1—6填入空格内，使每行、每列、每宫和两个对角线内数字均不重复。

第11题（11分）

	1	4			
			1		4
					5
6					
3		6			
			6	4	

第12题（14分）

		2			
					2
	5			6	
	1			3	
6					
			5		

六宫无缘数独（第13—14题）：将数字1—6填入空格内，使每行、每列和每宫内数字均不重复。对角相邻两格内不能填入相同的数字。

第13题（11分）

					B	
				3		6
		3				
			1			4
	3			6		
A					4	
	4		5			

第14题（15分）

		B				
				6		
	3				2	
	5					
						5
A		4				3
			3			

六宫不等号数独(第15—16题):将数字1—6填入空格内,使每行、每列和每宫内数字均不重复。不等号表示两侧数字的大小关系。

第15题(15分)

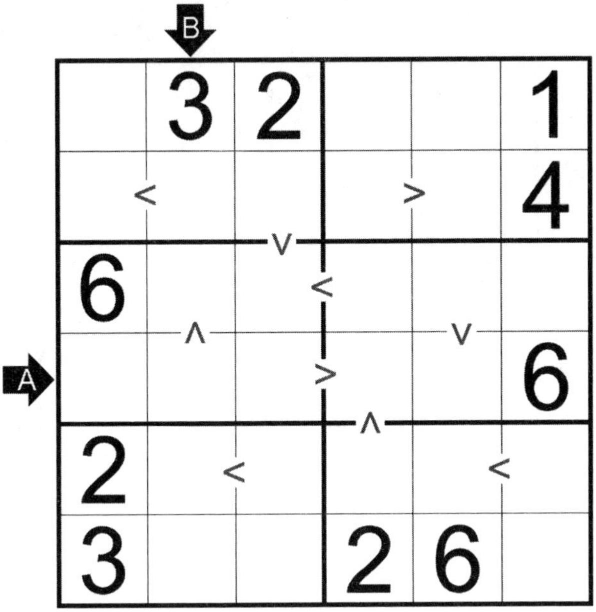

第16题(19分)

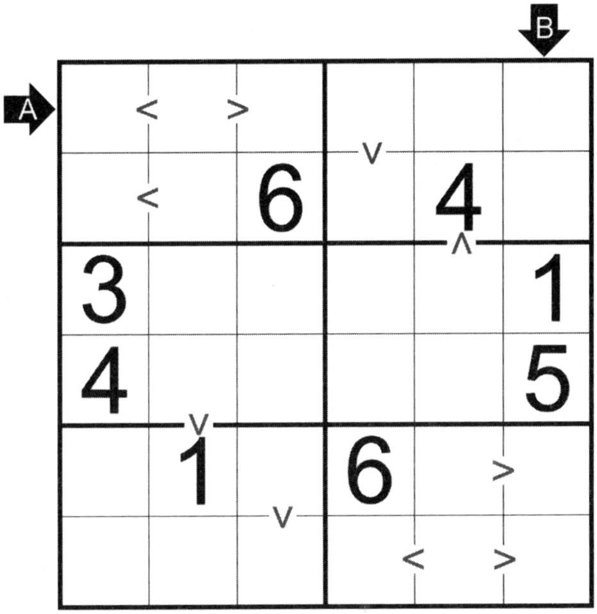

六宫加法数独(第17—18题):将数字1—6填入空格内,使每行、每列和每宫内数字均不重复。提示数表示两侧格内数字之和。

第17题(15分)

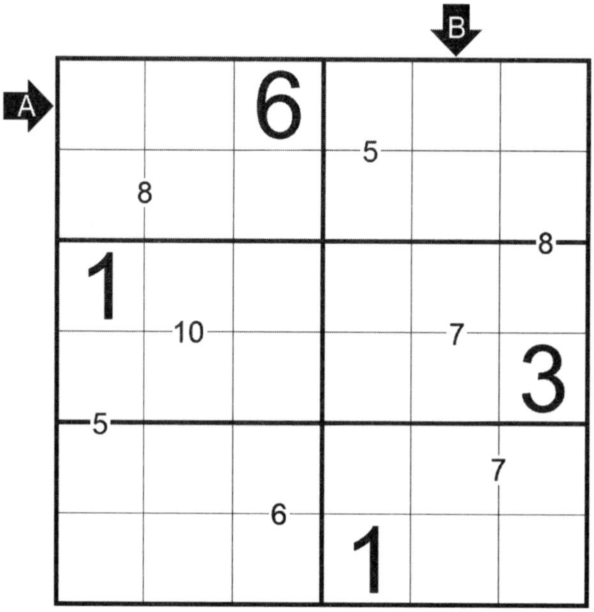

第18题(21分)

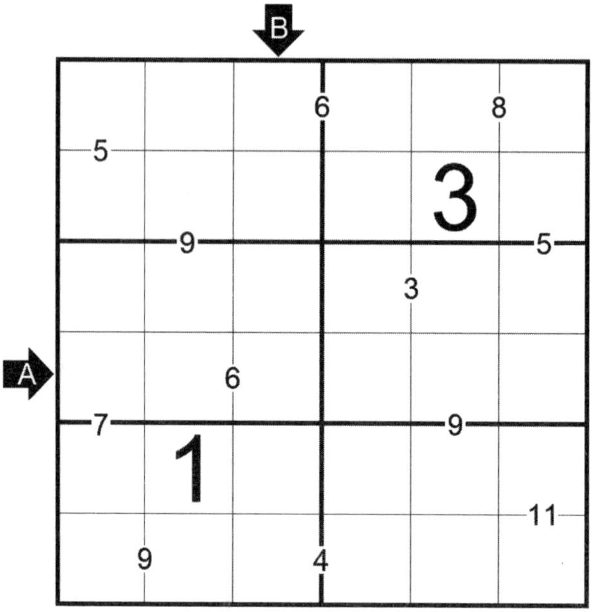

2022全国青少年数独锦标赛
初赛（网络赛）赛题

U10组　总分250分　限时：75分钟

1. 六宫数独……………………………………7分
2. 六宫数独……………………………………9分
3. 六宫数独……………………………………11分
4. 六宫数独……………………………………11分
5. 九宫数独……………………………………13分
6. 九宫数独……………………………………15分
7. 九宫数独……………………………………16分
8. 九宫数独……………………………………17分
9. 六宫额外区域数独…………………………10分
10. 六宫额外区域数独…………………………13分
11. 六宫无马数独………………………………12分
12. 六宫无马数独………………………………14分
13. 六宫不规则数独……………………………15分
14. 六宫不规则数独……………………………22分
15. 六宫杀手数独………………………………15分
16. 六宫杀手数独………………………………17分
17. 六宫连续数独………………………………16分
18. 六宫连续数独………………………………17分

六宫标准数独(第1—2题):在空格内填入数字1—6,使得每行、每列和每个宫内数字均不重复。

第1题(7分)

	B↓					
		4		5		
	1				2	
						5
A→	2					
		2				3
			3		1	

第2题(9分)

			B↓			
	3				5	
A→	2					1
				4		
		4				
			2			
					3	5

六宫标准数独(第3—4题):在空格内填入数字1—6,使得每行、每列和每个宫内数字均不重复。

第3题(11分)

				B		
	2				4	
			3			
		6				4
A	4				5	
				5		
		3				1

第4题(11分)

					B	
		1		5		
A	3					
						4
	5		6			
						2
			2		6	

标准数独：在空格内填入数字1—9，使得每行、每列和每个宫内数字均不重复。

第5题（13分）

B（第3列）

3			9	2			7	
		2				8	9	
	7		4		8			3
	1		2					7
7		3		8		5		2
2					4		6	
8			7		3		5	
	5	7				4		
	3			5	1			9

A（第4行）

标准数独：在空格内填入数字1—9，使得每行、每列和每个宫内数字均不重复。

第6题（15分）

B（第4列）

	3							6
	7	8			6	9		
		9	7			3	5	
			4	5			1	3
				1				
8	1			7	3			
	5	6			9	2		
		3	5			7	8	
9							6	

A（第5行）

标准数独：在空格内填入数字1—9，使得每行、每列和每个宫内数字均不重复。

第7题（16分）

	B								
			9	5			4		
				7		6	8		
	2	1							5
		8			4			3	1
				3		1			
	1	2			5			6	
	7							4	9
A			2	6		3			
			8			4	2		

标准数独：在空格内填入数字1—9，使得每行、每列和每个宫内数字均不重复。

第8题（17分）

					B				
			8				2		
		3				6		7	
	2		6		7		9		5
		1				3			
A			7		4		3		
				7				9	
	3		2		6		8		9
		7		2				4	
			1				7		

六宫额外区域数独(第9—10题):将数字1—6填入空格内,使每行、每列和每宫内数字均不重复。灰色六格内的数字也不能相同。

第9题(10分)

第10题(13分)

六宫无马数独(第11—12题):将数字1—6填入空格内,使每行、每列和每宫内数字均不重复。彼此形成国际象棋中马步位置(二拐一)的两格内数字不能重复。

第11题(12分)

					B	
			5	1		
	4					5
A						
	6					1
			3	6		

第12题(14分)

			B			
	2				6	
						2
				4		
A			4			
		5				
						3

六宫不规则数独(第13—14题):将数字1—6填入空格内,使每行、每列和每个不规则粗线宫内数字均不重复。

第13题(15分)

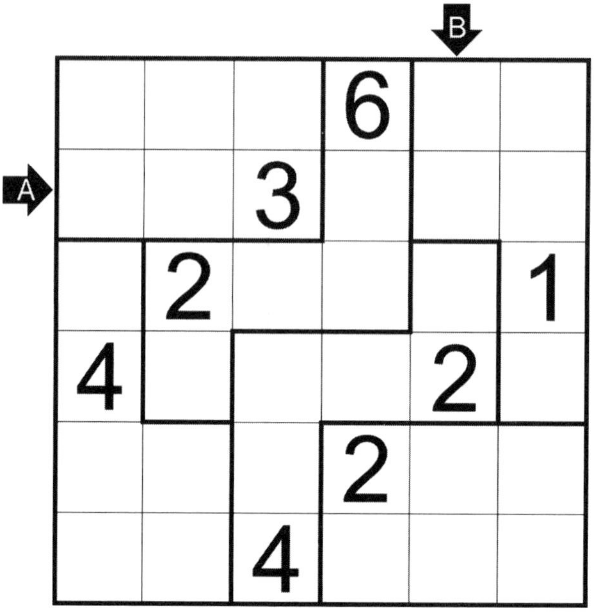

第14题(22分)

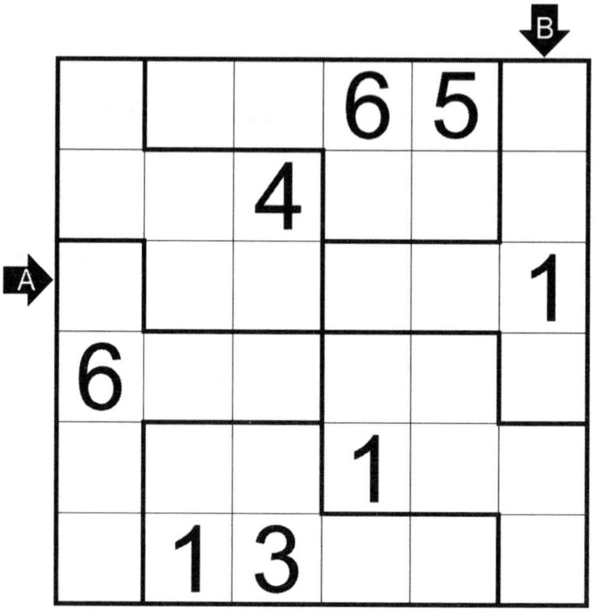

六宫杀手数独(第15—16题):将数字1—6填入空格内,使每行、每列和每宫内数字均不重复。虚线框内提示数表示该框内所有数字之和,同一虚线框内不能出现相同的数字。

第15题(15分)

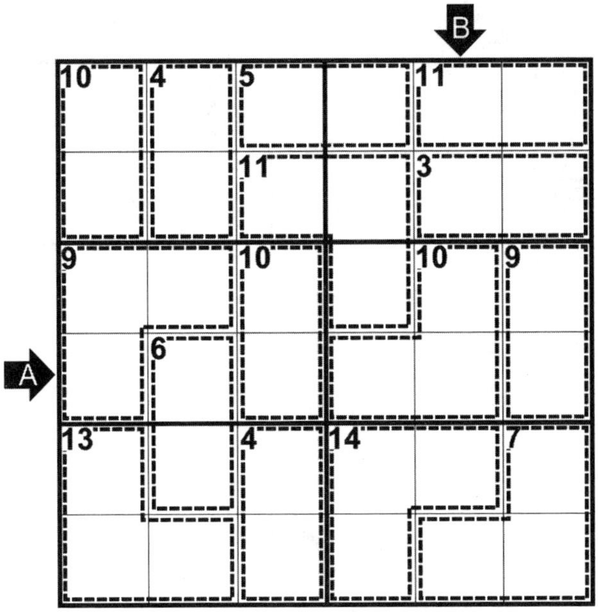

第16题(17分)

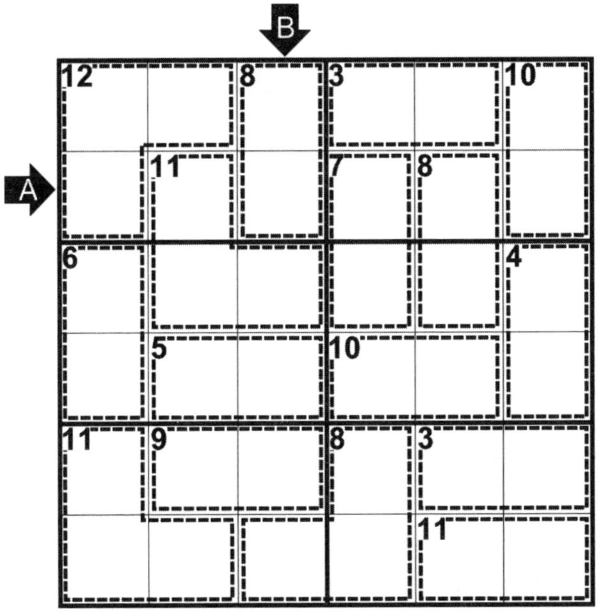

六宫连续数独(第17—18题):将数字1—6填入空格内,使每行、每列和每宫内数字均不重复。灰色粗线表示两侧格内数字之差为1;相邻两格间没标灰色粗线的两格内数字之差不能为1。

第17题(16分)

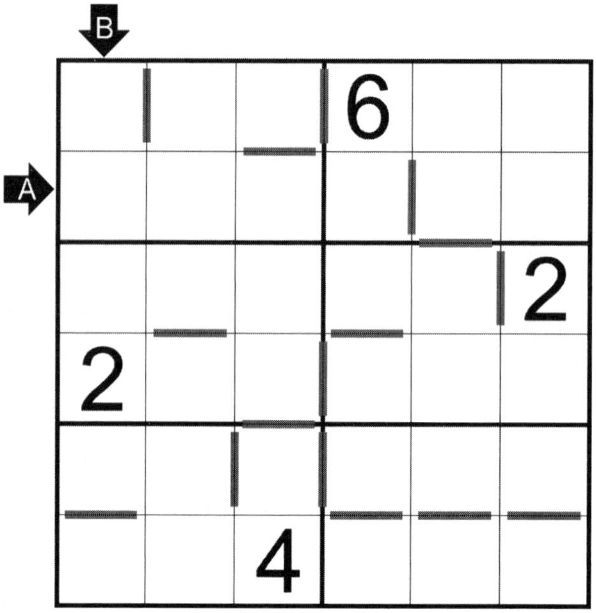

第18题(17分)

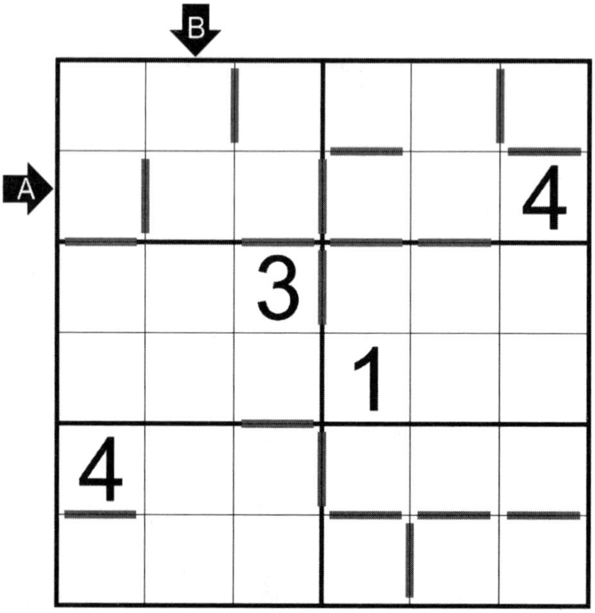

2022全国青少年数独锦标赛
初赛(网络赛)赛题

U12组　总分250分　限时:75分钟

1．六宫数独······························7分
2．六宫数独······························9分
3．六宫数独······························11分
4．六宫数独······························11分
5．九宫数独······························12分
6．九宫数独······························14分
7．九宫数独······························17分
8．九宫数独······························20分
9．六宫奇偶数独···························11分
10．六宫奇偶数独··························12分
11．六宫比例数独··························13分
12．六宫比例数独··························19分
13.．六宫箭头数独·························17分
14．六宫箭头数独··························19分
15．六宫温度计数独························13分
16．六宫温度计数独························16分
17．六宫同位数独··························14分
18．六宫同位数独··························15分

六宫标准数独（第1—2题）：在空格内填入数字1—6，使得每行、每列和每个宫内数字均不重复。

第1题（7分）

					B	
	1		5		3	
A					4	
	3					
						4
	2	1				
				1		6

第2题（9分）

				B		
		5			3	
						2
	4			6		
			6			3
	1					
A		3			5	

六宫标准数独(第3—4题):在空格内填入数字1—6,使得每行、每列和每个宫内数字均不重复。

第3题(11分)

				B		
			1		3	
	3					5
		4				
					6	
	5					6
A		1		2		

第4题(11分)

			B			
	3			5		
		5			6	
			3			6
				1		
A		4			2	
	2					4

标准数独：在空格内填入数字1—9，使得每行、每列和每个宫内数字均不重复。

第5题(12分)

								B	
	6				4			3	
			2				6		
		7			5	9			2
	5			8				6	
A			9		7		1		
		4				3			8
	1			4	8			7	
			8				3		
		5			6				9

标准数独：在空格内填入数字1—9，使得每行、每列和每个宫内数字均不重复。

第6题(14分)

					B				
	2				9			1	3
			1			7		5	8
		9	5	3					
			9			1		2	
A	6								1
		1		6			5		
						8	1	9	
	9	4		1			3		
	1	5			6				7

标准数独：在空格内填入数字1—9，使得每行、每列和每个宫内数字均不重复。

第7题（17分）

						B			
		7			2	3			4
			6					9	
	2			1			3		
				5			1		
		5			8			4	
			3		4				
			8			9			1
A		4					6		
	9			4	7			3	

标准数独：在空格内填入数字1—9，使得每行、每列和每个宫内数字均不重复。

第8题（20分）

						B			
			4	8				3	
		3			9		6		
	1			6		3			2
						5			3
A		5			6			4	
	4			9					
	8			1		4			5
			5		8			7	
		2				6	3		

六宫奇偶数独(第9—10题):将数字1—6填入空格内,使每行、每列和每宫内数字均不重复。灰色圆圈格内只能填入奇数,灰色方块格内只能填入偶数。

第9题(11分)

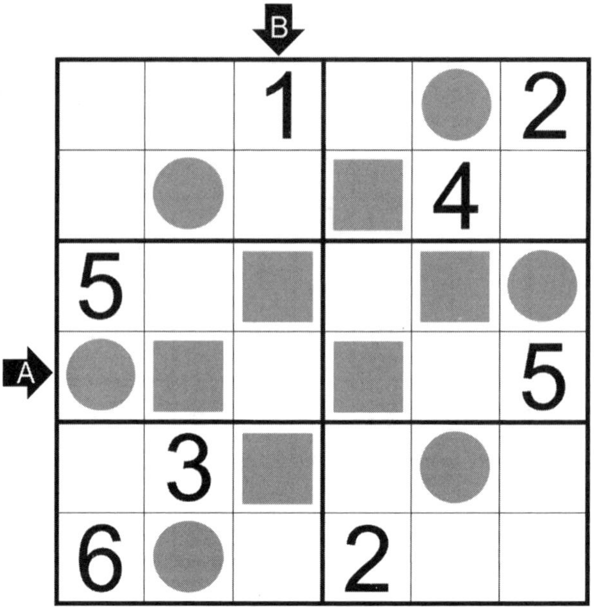

第10题(12分)

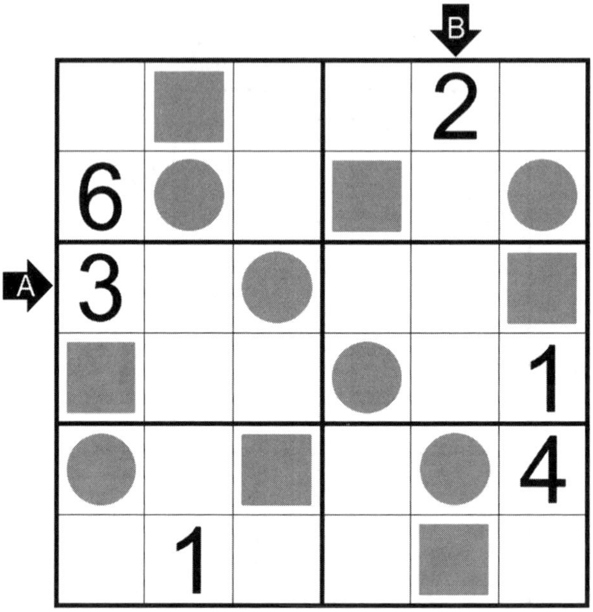

六宫比例数独(第11—12题):将数字1—6填入空格内,使每行、每列和每宫内数字均不重复。提示数表示两侧格内数字的比例关系。

第11题(13分)

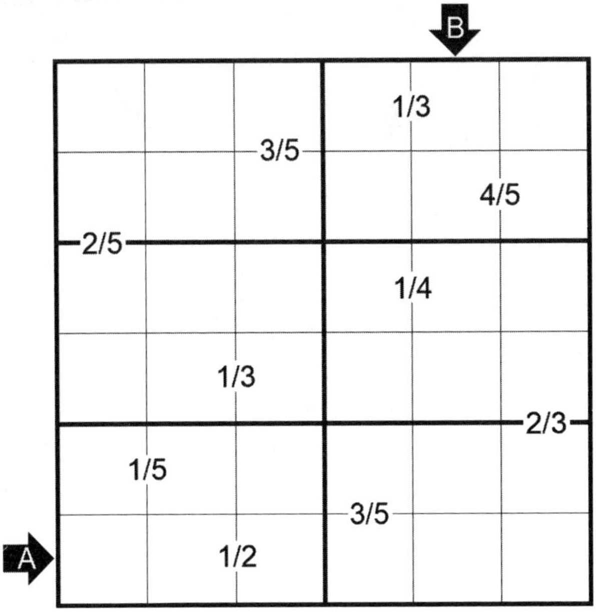

第12题(19分)

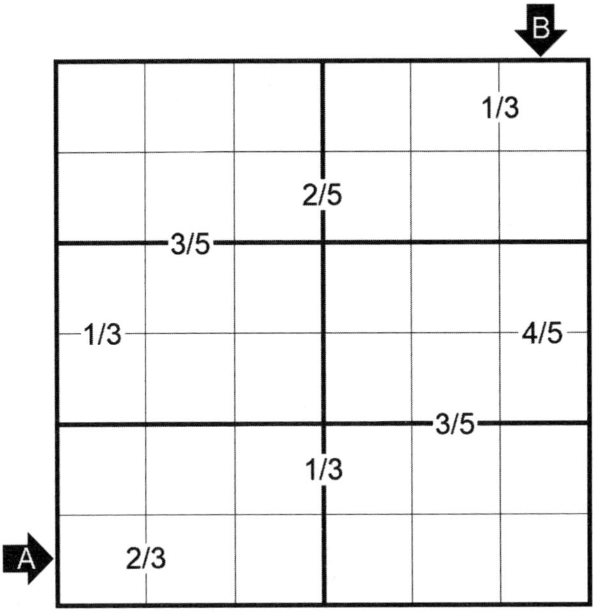

六宫箭头数独(第13—14题):将数字1—6填入空格内,使每行、每列和每宫内数字均不重复。圆圈格表示该箭头穿过所有格内数字之和。

第13题(17分)

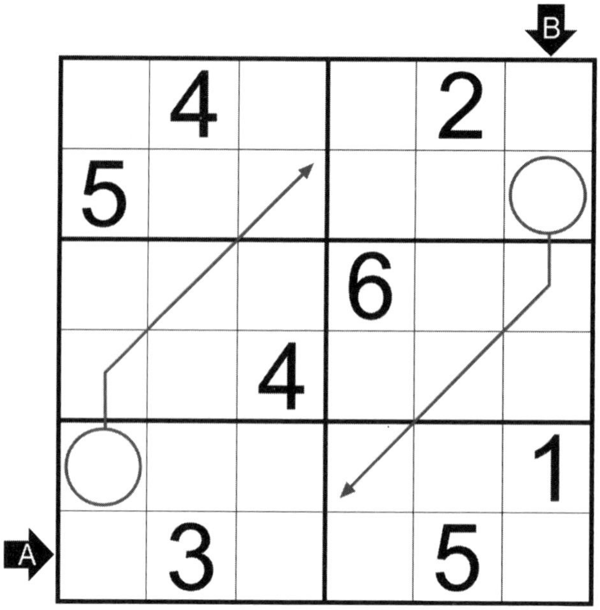

第14题(19分)

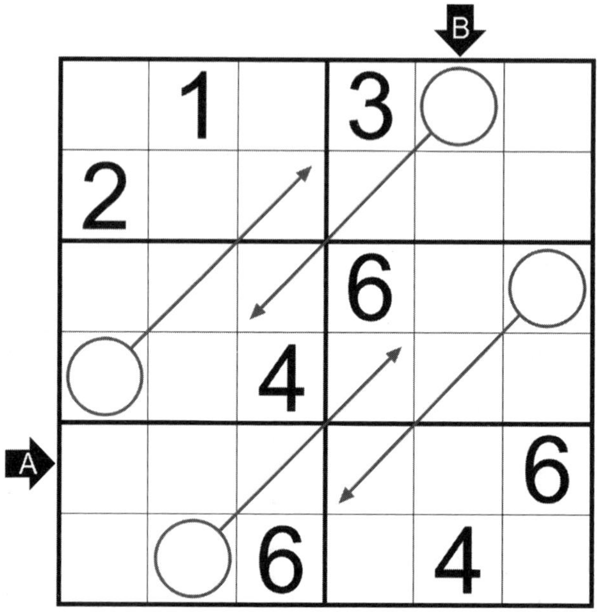

六宫温度计数独(第15—16题):将数字1—6填入空格内,使每行、每列和每宫内数字均不重复。温度计的圆圈格内数字最小,沿温度计方向依次增大。

第15题(13分)

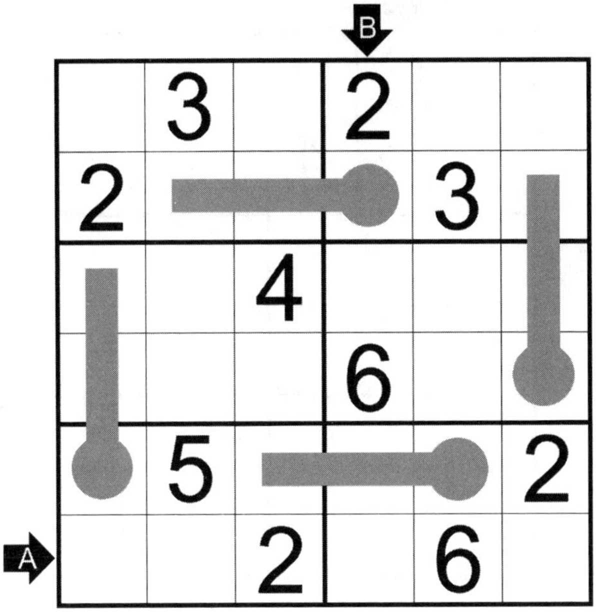

第16题(16分)

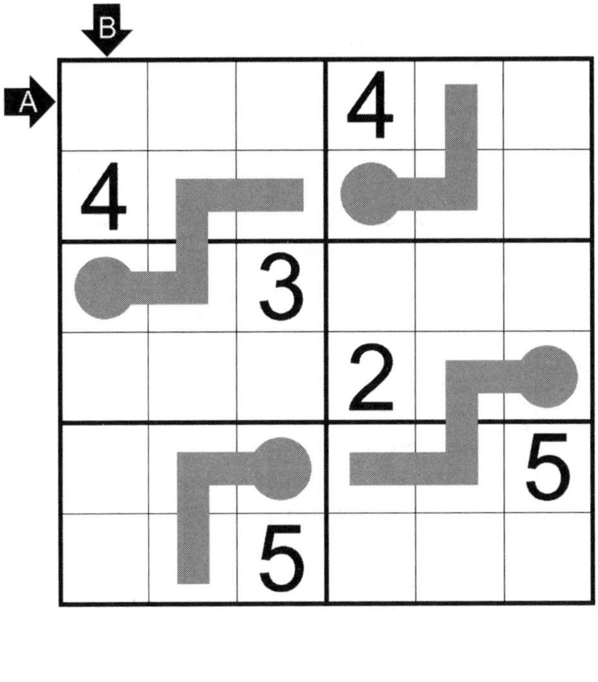

六宫同位数独(第17—18题):将数字1—6填入空格内,使每行、每列和每宫内数字均不重复。六个宫中相同位置的六格内数字不能相同。

第17题(14分)

		B				
		6				
			1			2
A						4
	4					
	5			6		
					2	

第18题(15分)

		B				
	6					
		2			6	
			4			
				3		
		6			1	
A						4

2022全国青少年数独锦标赛
初赛(网络赛)赛题

U18组　总分250分　限时:75分钟

1. 六宫数独……………………………………7分
2. 六宫数独……………………………………8分
3. 九宫数独……………………………………10分
4. 九宫数独……………………………………11分
5. 九宫数独……………………………………12分
6. 九宫数独……………………………………14分
7. 九宫数独……………………………………17分
8. 九宫数独……………………………………22分
9. 六宫排除数独………………………………11分
10. 六宫排除数独……………………………14分
11. 六宫回文数独……………………………12分
12. 六宫回文数独……………………………19分
13. 六宫斜连数独……………………………12分
14. 六宫斜连数独……………………………17分
15. 六宫小杀手数独…………………………14分
16. 六宫小杀手数独…………………………17分
17. 六宫摩天楼数独…………………………14分
18. 六宫摩天楼数独…………………………19分

六宫标准数独(第1—2题):在空格内填入数字1—6,使得每行、每列和每个宫内数字均不重复。

第1题(7分)

				B		
		5			4	
A	2					
				4		1
	4		1			
						5
		6			2	

第2题(8分)

					B	
			4		6	
		1				
			3			4
	2			5		
A					5	
		3		2		

标准数独(第3—4题):在空格内填入数字1—9,使得每行、每列和每个宫内数字均不重复。

第3题(10分)

B

A

		1				5		
	5		2		4	6		
9		6				8	2	1
	7		1		9		8	
				4				
	8		6		2		5	
6	2	5				1		8
		7	5		6		9	
		4				2		

第4题(11分)

B

A

		5	4					7
	8	6	1	3			9	4
				6			8	2
6			2	4	9			1
2	5			1				
9	6			2	1	3	5	
5					6	1		

标准数独：在空格内填入数字1—9，使得每行、每列和每个宫内数字均不重复。

第5题（12分）

3	6			2	4			1
		1						9
				3			2	
1								
7		5				8		2
								4
	8			1				
5						7		
2			4	5			3	8

标准数独：在空格内填入数字1—9，使得每行、每列和每个宫内数字均不重复。

第6题（14分）

	9			7			5	
8			2		3			9
				4				
	8		5		2		3	
9		2				6		5
	5		6		7		8	
				1				
5			4		8			3
	1			5			2	

标准数独:在空格内填入数字1—9,使得每行、每列和每个宫内数字均不重复。

第7题(17分)

							B		
		9						2	
	2			9					3
				8		1			
		5	4		3		1		
				6		9			
			9		8		3	5	
				3		5			
A	6					8			4
		3						1	

标准数独:在空格内填入数字1—9,使得每行、每列和每个宫内数字均不重复。

第8题(22分)

						B			
			7				2		9
		9			3	7			
	5			4					3
			3			1		9	
		1			4			2	
		6		3			8		
	6					5			2
A				7	9			6	
	1		9				7		

六宫排除数独(第9—10题):将数字1—6填入空格内,使每行、每列和每宫内数字均不重复。圆圈内提示数表示周围四格内不能出现的数字。

第9题(11分)

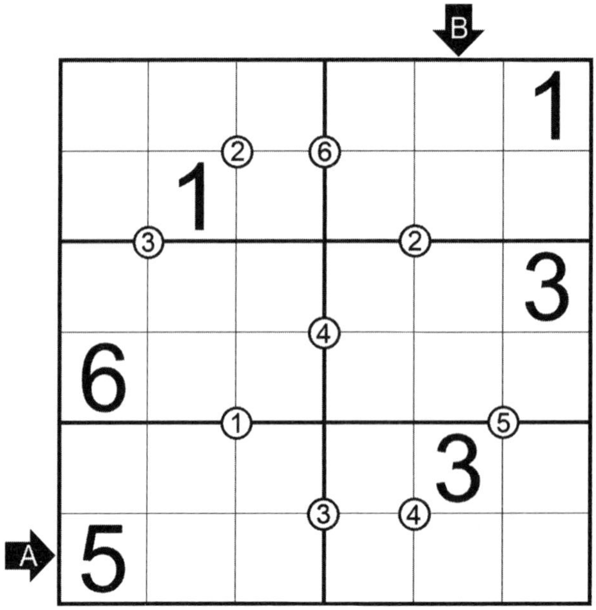

第10题(14分)

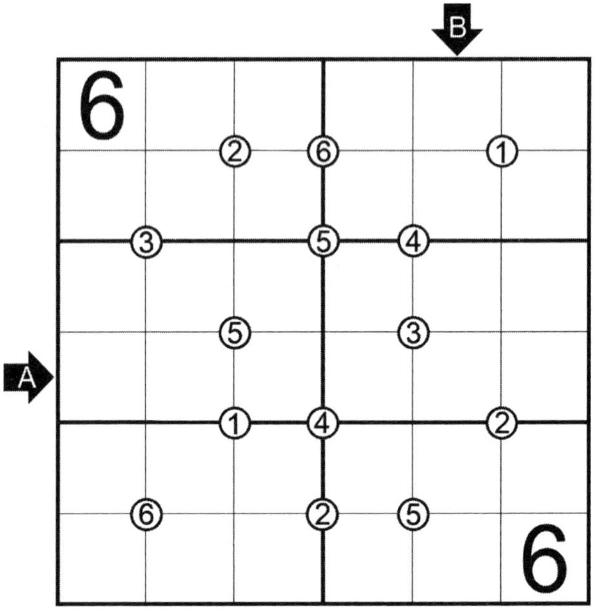

六宫回文数独(第11—12题):将数字1—6填入空格内,使每行、每列和每宫内数字均不重复。灰色粗线首尾依次对应的两格内数字相同。

第11题(12分)

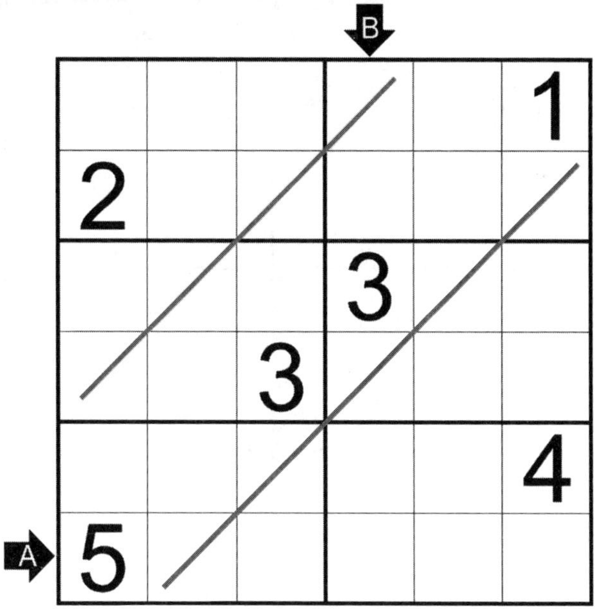

第12题(19分)

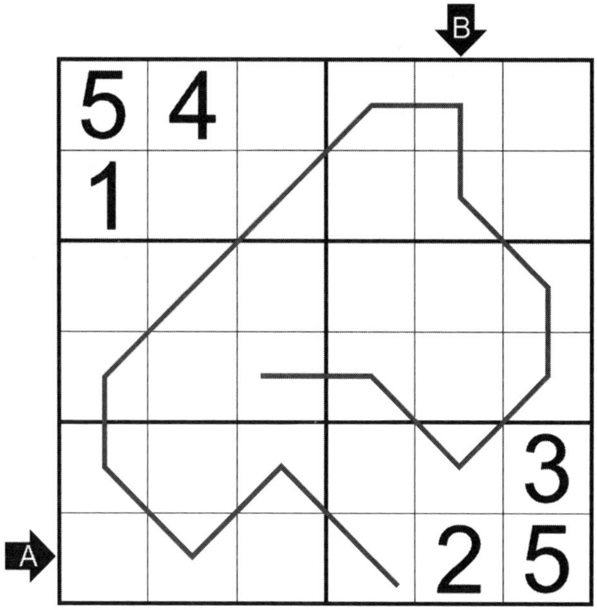

六宫斜连数独(第13—14题):将数字1—6填入空格内,使每行、每列和每宫内数字均不重复。灰色线段表示连接的斜向两格内数字之差为1;没有被灰色粗线相连的斜向两格内数字之差不能为1。

第13题(12分)

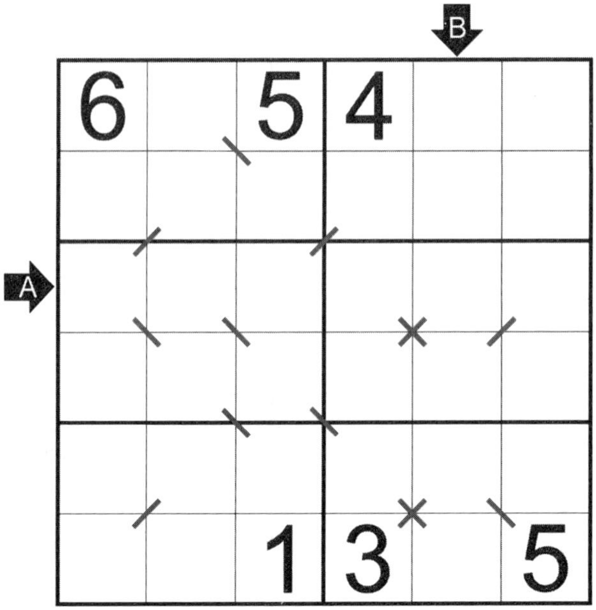

第14题(17分)

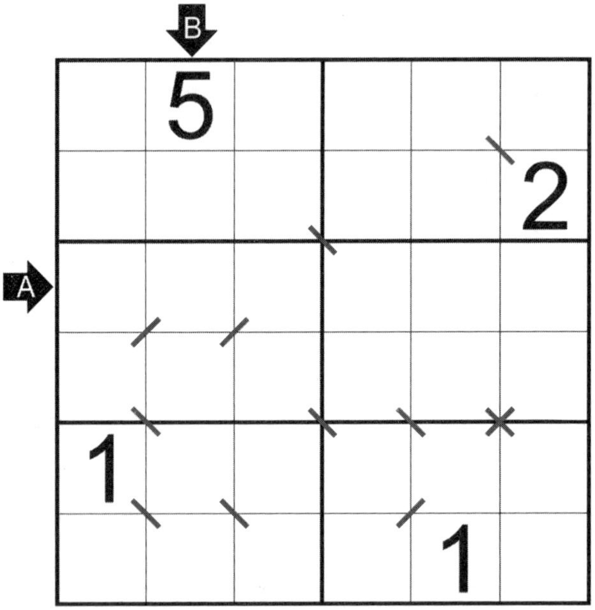

六宫小杀手数独(第15—16题):将数字1—6填入空格内,使每行、每列和每宫内数字均不重复。盘面外提示数表示斜方向所指格内数字之和。

第15题(14分)

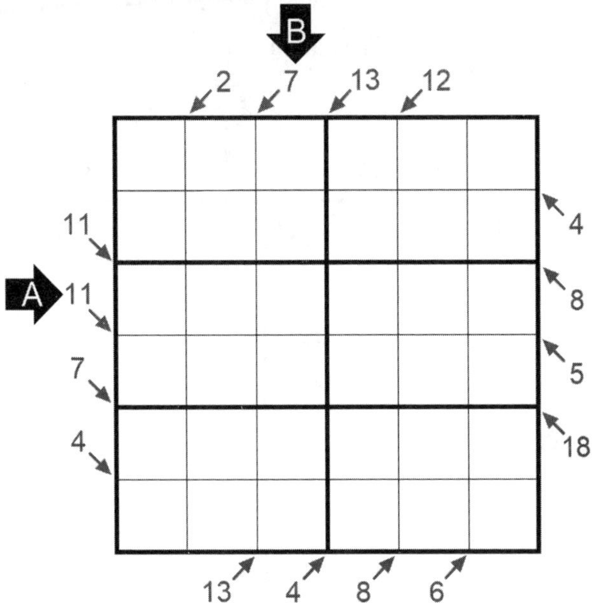

第16题(17分)

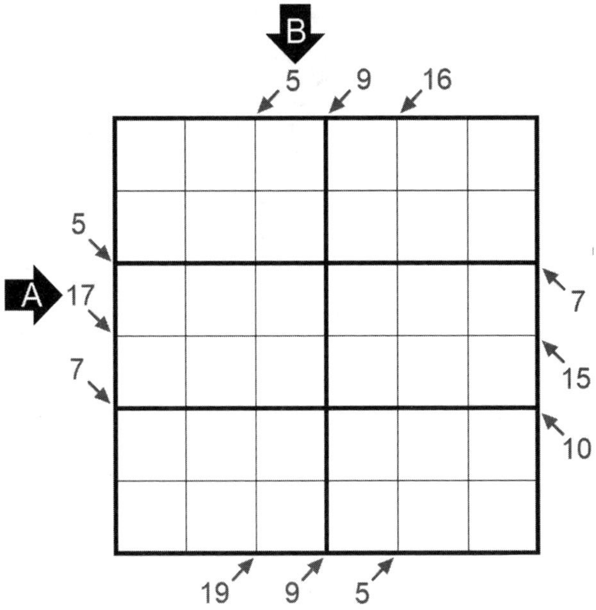

六宫摩天楼数独(第17—18题):将数字1—6填入空格内,使每行、每列和每宫内数字均不重复。盘面外提示数表示从该方向看可以看到楼房的个数,盘面内数字表示不同高度的楼房,高层楼房会挡住后方低层楼房被观测的视线。

第17题(14分)

				B			
	2	3	2	4	1	4	
2			3				2
1		2			5		3
3	1						2
A 3						6	1
3		1			3		2
2				2			4
	3	1	2	2	3	3	

第18题(19分)

			B				
	1	3	3	3	3	2	
1							2
3							1
4							2
3							3
A 4							2
2							4
	2	1	2	3	2	3	

2022全国青少年数独锦标赛
决赛(网络赛)赛题

U8组

六宫标准数独:在空格内填入数字1—6,使得每行、每列和每个宫内的数字均不重复。

第1题

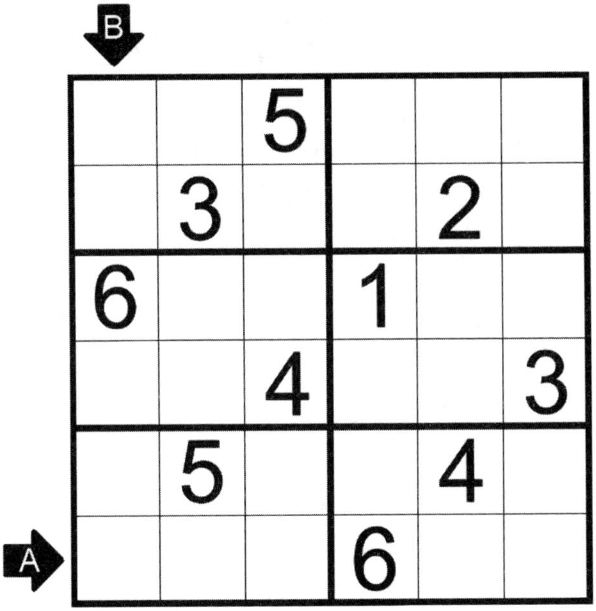

六宫标准数独：在空格内填入数字1—6，使得每行、每列和每个宫内的数字均不重复。

第2题

					B	
	1					6
A				3		
			6		2	
		5		4		
			3			
	6					2

标准数独：在空格内填入数字1—9，使得每行、每列和每个宫内的数字均不重复。

第3题

		B							
			8	3		1	4		
				2	9	8			
	3		2				6		8
	8	9			7			4	6
		3		1		9		8	
	7	5			3			1	9
	1		9				7		5
A				7	1	5			
			7	9		3	8		

标准数独：在空格内填入数字1—9，使得每行、每列和每个宫内的数字均不重复。

第4题

	B								
		9			3	7			6
	6	8		1			4		
			5			6		3	
		2		7					4
			9	8		5	7		
	4					2		8	
A		7		5			9		
			4			8		1	3
	9			3	2			7	

标准数独：在空格内填入数字1—9，使得每行、每列和每个宫内的数字均不重复。

第5题

			B						
	3		2			9		4	
A					2		3	9	5
	6					3		1	
					9		7		4
		7		8		4		5	
	2		8		3				
		2		3					9
	8	3	9		4				
		6		9			4		8

六宫对角线数独：在空格内填入数字1—6，使得每行、每列、每个宫和两条对角线内的数字均不重复。

第6题

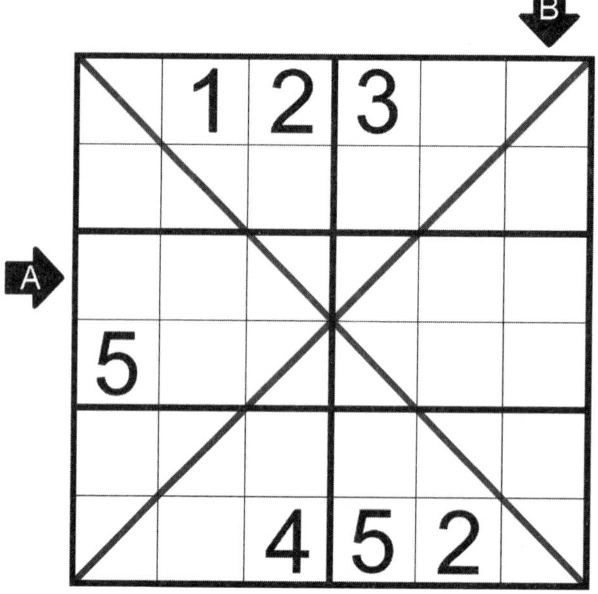

六宫对角线温度计数独：在空格内填入数字1—6，使得每行、每列、每个宫和两条对角线内的数字均不重复。盘面内每个温度计上的数字从圆球到末端的数字依次增大。

第7题

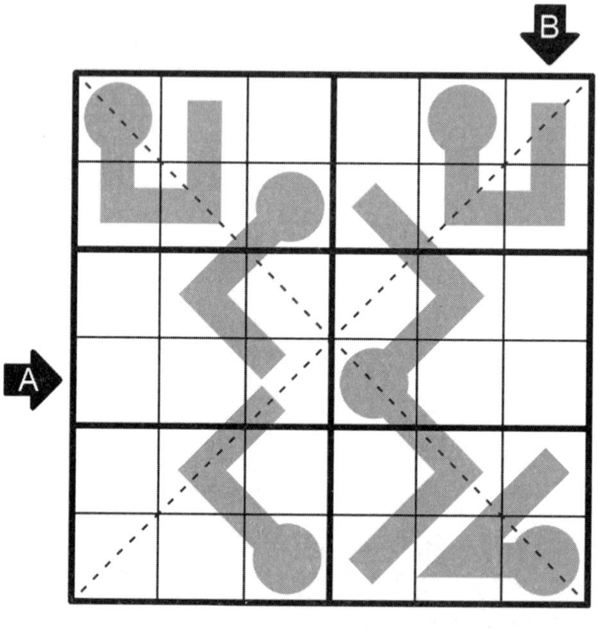

五宫不规则数独：在空格内填入数字1—5，使得每行、每列和每个不规则形粗线宫内的数字均不重复。

第8题

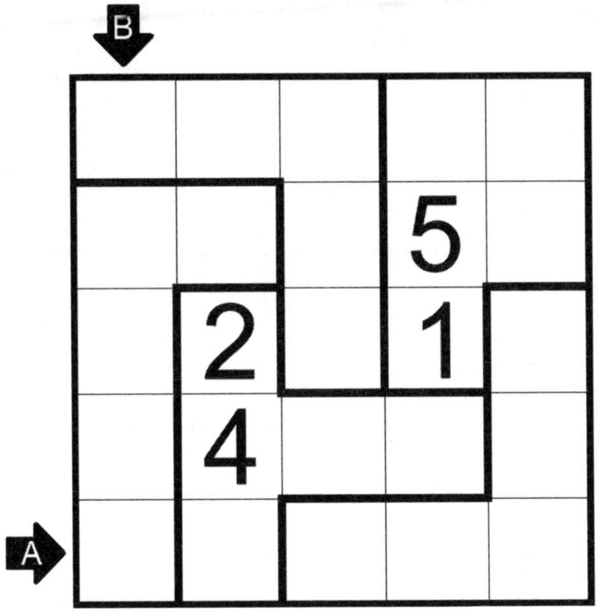

五宫不规则加法数独：在空格内填入数字1—5，使得每行、每列和每个不规则形粗线宫内的数字均不重复。盘面内提示数表示两侧或周围四格内的数字之和。

第9题

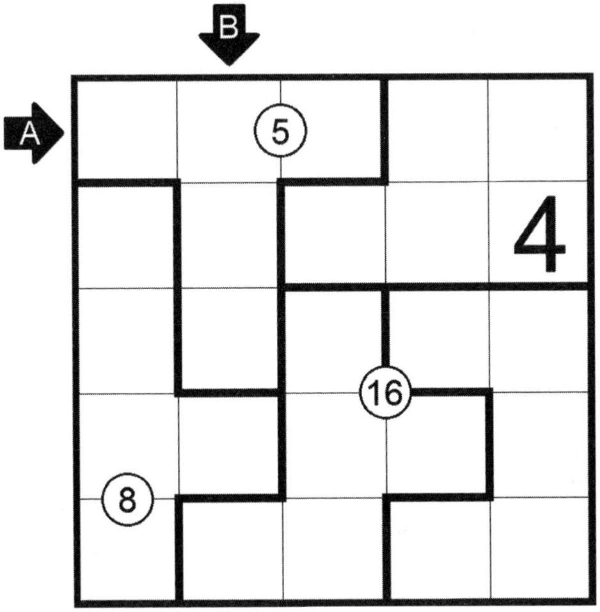

六宫加法数独：在空格内填入数字1—6，使得每行、每列和每个宫内的数字均不重复。盘面内提示数表示两侧或周围四格内的数字之和。

第10题

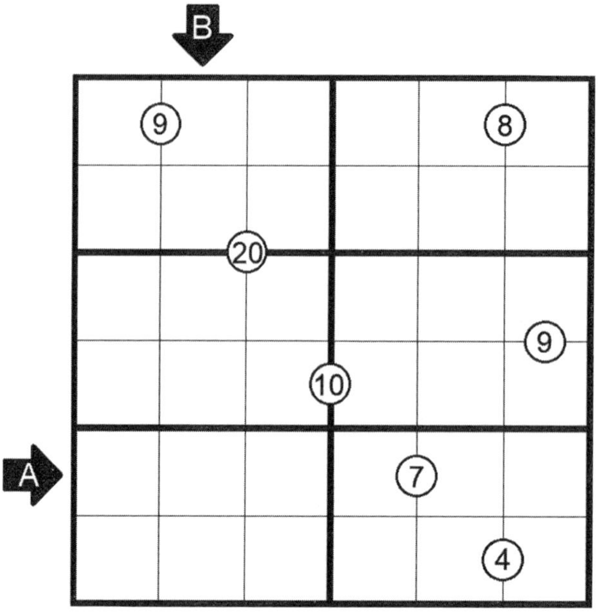

四宫摩天楼数独：在空格内填入数字1—4，使得每行、每列和每宫的数字均不重复。盘面内数字表示相应层数的楼房，盘面外提示数表示从该方向可以看到楼房的数量，层数高的楼房会挡住低层的楼房。

第11题

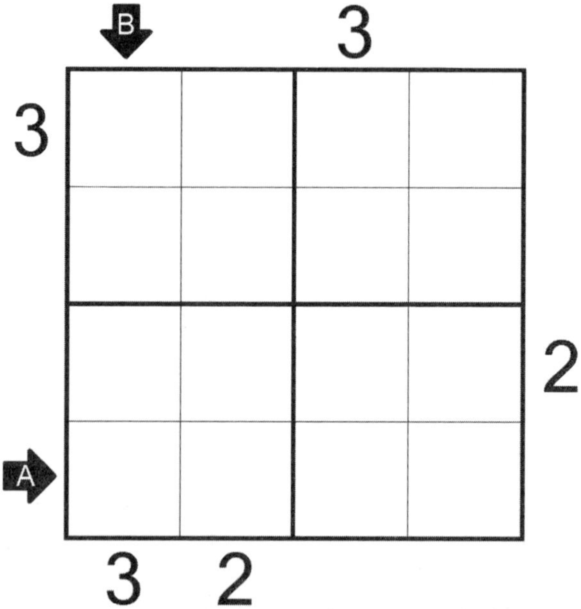

六宫额外区域数独：在空格内填入数字1—6，使得每行、每列、每个宫内和每组六格灰色区域的数字均不重复。

第12题

六宫回文数独：在空格内填入数字1—6，使得每行、每列和每个宫内的数字均不重复。盘面内每条灰线从首尾两头开始阅读的结果都相同。

第13题

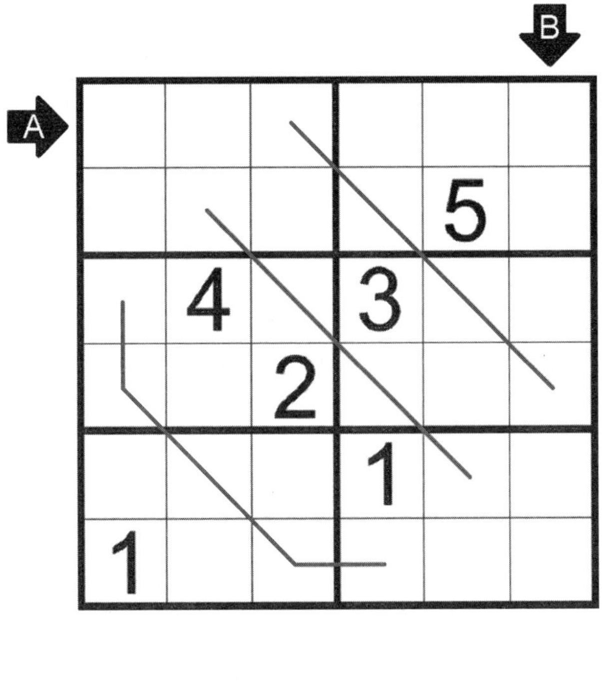

六宫克隆数独：在空格内填入数字1—6，使得每行、每列和每个宫内的数字均不重复。两组灰色区域内相同位置格内的数字相同。

第14题

六宫奇数数独：在空格内填入数字1—6，使得每行、每列和每个宫内的数字均不重复。灰格内只能填入奇数。

第15题

2022全国青少年数独锦标赛
决赛(网络赛)赛题

U10组

六宫标准数独:在空格内填入数字1—6,使得每行、每列和每个宫内的数字均不重复。

第1题

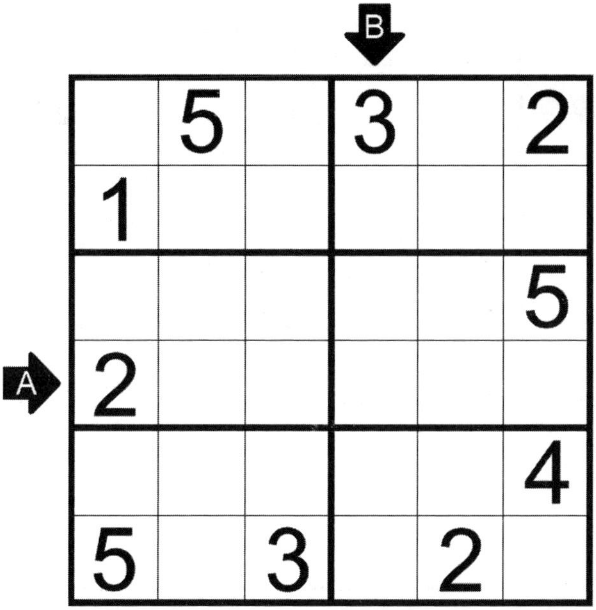

六宫标准数独：在空格内填入数字1—6，使得每行、每列和每个宫内的数字均不重复。

第2题

		5			1
	4				
4			6		
		3			4
				3	
2			4		

标准数独：在空格内填入数字1—9，使得每行、每列和每个宫内的数字均不重复。

第3题

		5			9		4	
1		9	5	8	7			
		2				9	7	5
9	1			5			2	
	8		6		1		9	
	2			9			6	3
2	7	8				3		
			8	1	2	4		7
	5		9			6		

标准数独：在空格内填入数字1—9，使得每行、每列和每个宫内的数字均不重复。

第4题

B

5		8	9			6		
			5	2			1	
9		4		6		2		
2	3							5
	6		1		5		8	
1							6	3
		6		5		3		1
	4			1	6			
		1			7	8		6

A

标准数独：在空格内填入数字1—9，使得每行、每列和每个宫内的数字均不重复。

第5题

B

	6		9	5		7		
		1				9		8
9	2		4	8				
			3		2		5	
4		5				1		2
	1		5		4			
				6	7		4	1
2		6				3		
		4		3	5		9	

A

对角线奇数数独:在空格内填入数字1—9,使得每行、每列、每个宫和两条对角线内的数字均不重复。灰格内只能填入奇数。

第6题

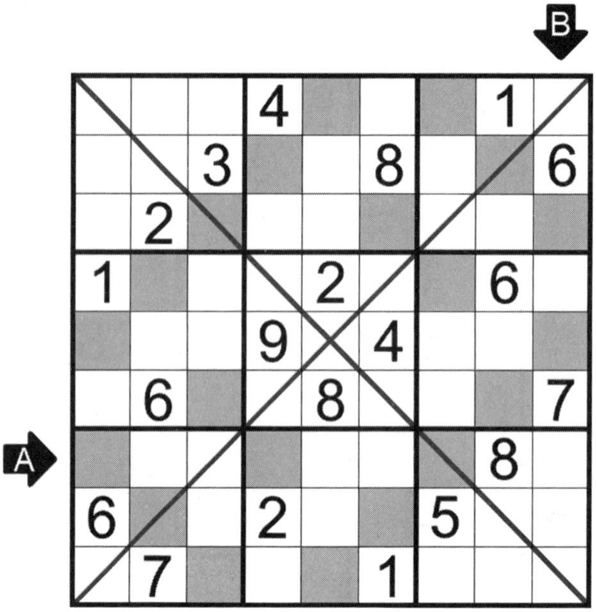

六宫不规则杀手数独:在空格内填入数字1—6,使得每行、每列和每个不规则形粗线宫内的数字均不重复。虚线框内提示数表示框内数字之和,同一虚线框内的数字不能重复。

第7题

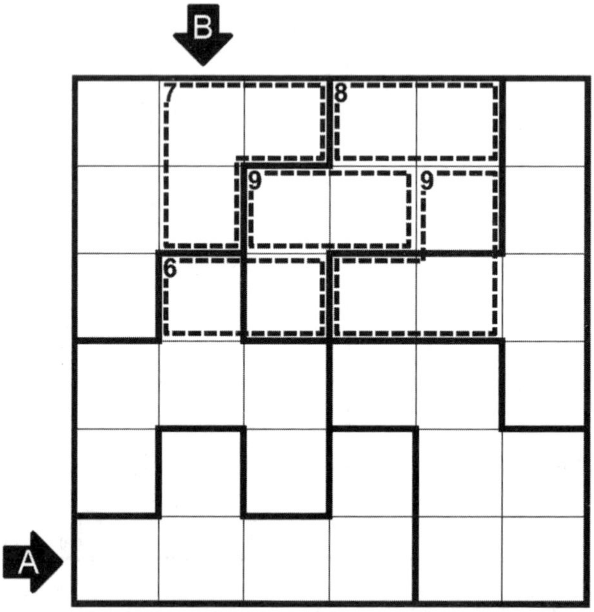

六宫连续数独:在空格内填入数字1—6,使得每行、每列和每个宫内的数字均不重复。盘面内灰色粗线表示两侧格内数字之差为1;没有灰色粗线的相邻两格内数字之差不能为1。

第8题

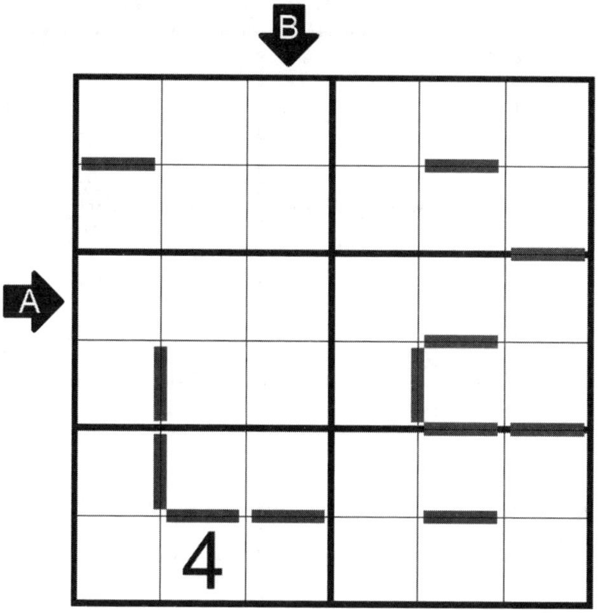

六宫电子表数独:在空格内填入数字1—6,使得每行、每列和每个宫内的数字均不重复。每个框内的数字可以组成一个24时计时法的有效时间。

第9题

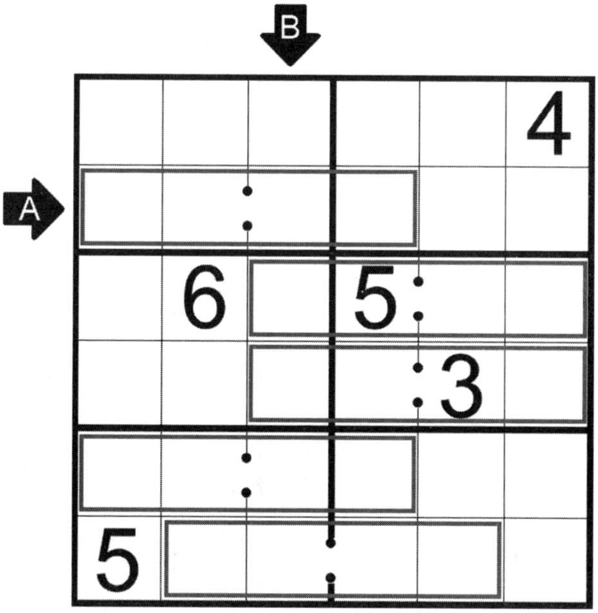

六宫四格提示数数独：在空格内填入数字1—6，使得每行、每列和每个宫内的数字均不重复。提示数表示周围四格内的数字。

第10题

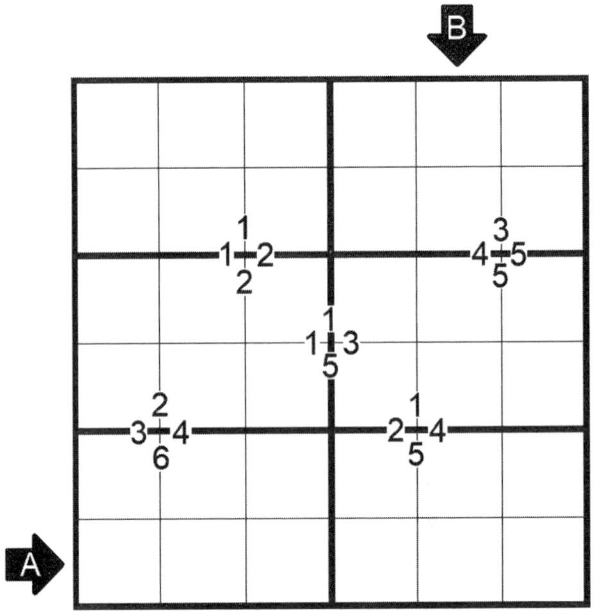

六宫伸展温度计数独：在空格内填入数字1—6，使得每行、每列和每个宫内的数字均不重复。盘面内每个温度计上的数字从圆形到末端依次增大或相等。

第11题

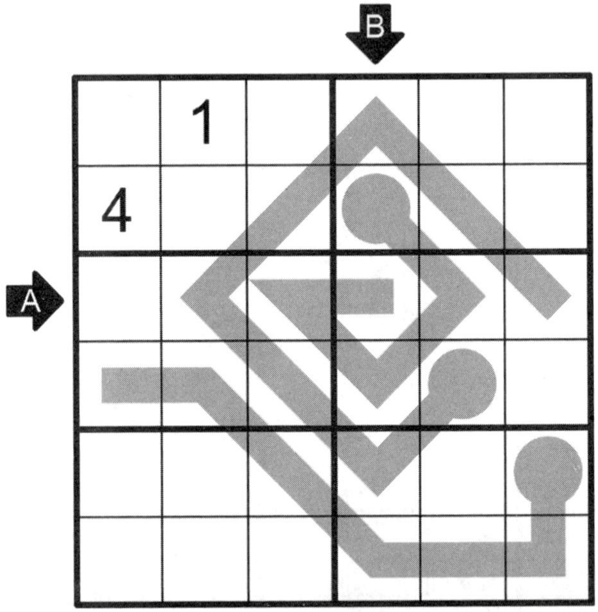

奇偶大小数独：在空格内填入数字1—8，使得每行、每列和每个宫内的数字均不重复。盘面外的文字表示对应位置前两格内的数字属性。奇表示1、3、5、7，偶表示2、4、6、8，大表示5、6、7、8，小表示1、2、3、4。

第12题

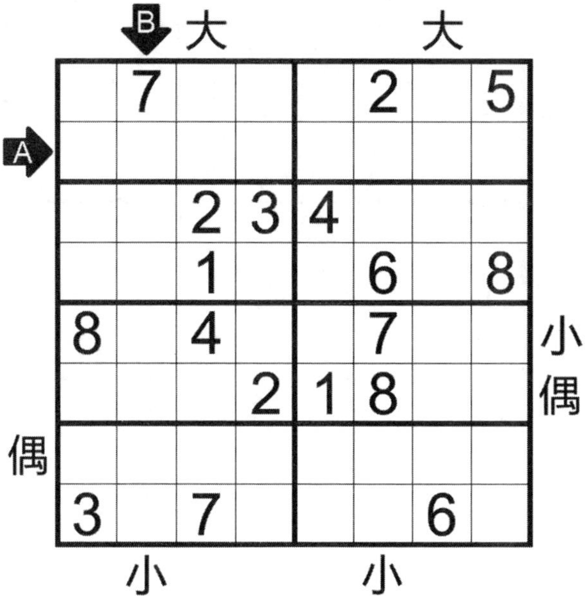

金字塔数独：在空格内填入数字1—9，使得每行、每列、每个宫和四格灰色区域内的数字均不重复。

第13题

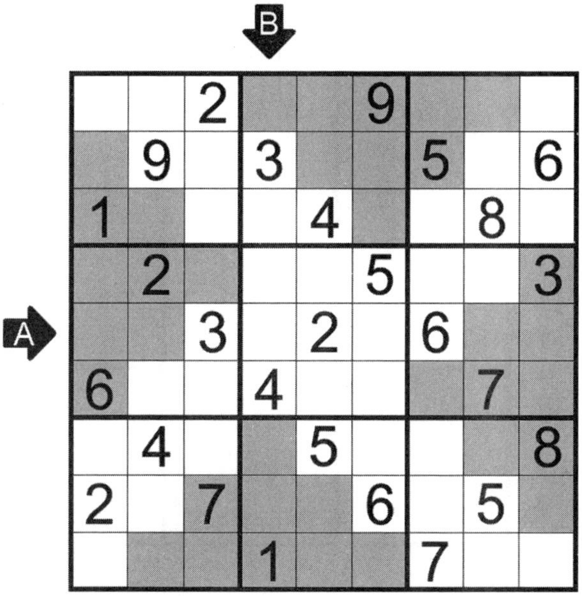

无缘数独：在空格内填入数字1—9，使得每行、每列和每个宫内的数字均不重复。盘面中对角相邻两格内不能出现相同的数字。

第14题

	1		3			5		
8					2		1	
		3		1				7
	2		4					
1				5				9
					6		8	
3				9		7		
	4		6					8
		5			1		3	

乘积数独：在空格内填入数字1—9，使得每行、每列和每个宫内的数字均不重复。相邻两格之间的提示数表示两侧格内数字的乘积。

第15题

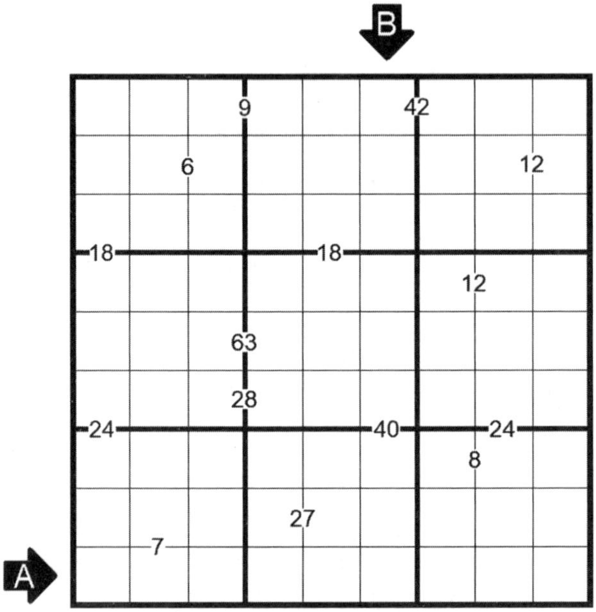

2022全国青少年数独锦标赛
决赛(网络赛)赛题

U12组

标准数独:在空格内填入数字1—9,使得每行、每列和每个宫内的数字均不重复。

第1题

					B			
	3	5		9		6	4	
7			8		4			9
		8		6		2		
8	1						7	6
3			9		7			1
9	5						3	2
A→		2		7		8		
6			4		8			5
	8	3		1		7	6	

标准数独：在空格内填入数字1—9，使得每行、每列和每个宫内的数字均不重复。

第2题

	8					1	6	2
7	5		8		1			
			4			7		5
		3		7		5	9	
			5		4			
	2	7		6		8		
2		9			7			
			1		2		3	7
3	7	1					2	

标准数独：在空格内填入数字1—9，使得每行、每列和每个宫内的数字均不重复。

第3题

9							3	4
		1	2				6	5
	8	7	4	3				
	7	3		4				
		6	5		2	3		
				6		4	1	
				5	3	6	7	
7	6				4	9		
3	9							1

标准数独：在空格内填入数字1—9，使得每行、每列和每个宫内的数字均不重复。

第4题

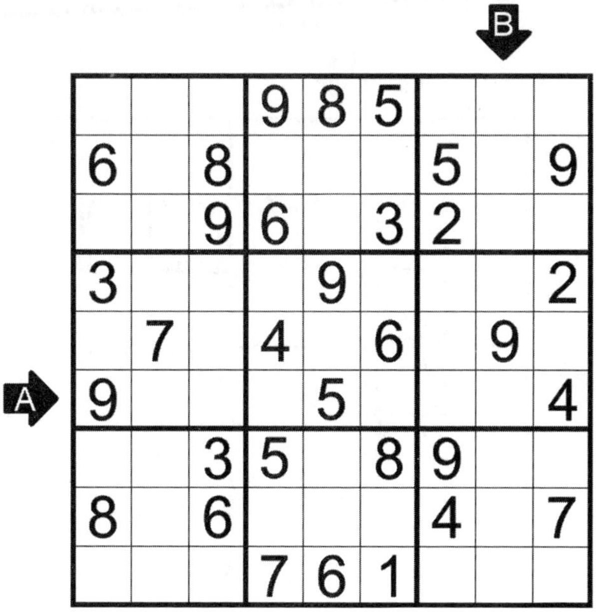

对角线奇偶数独：在空格内填入数字1—9，使得每行、每列、每宫和两条对角线内的数字均不重复。灰色圆形格内只能填入奇数，灰色方形格内只能填入偶数。

第5题

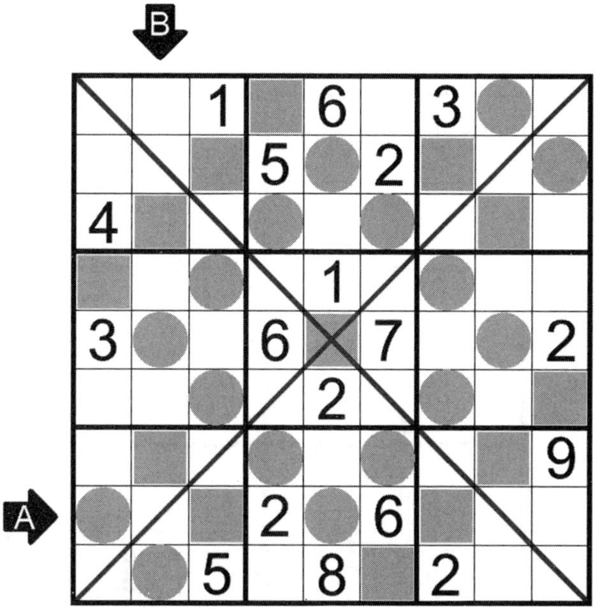

七宫不规则杀手数独：在空格内填入数字1—7，使得每行、每列和每个不规则形粗线宫内的数字均不重复。虚线框内提示数表示虚线框内数字之和。同一虚线框内的数字不能重复。

第6题

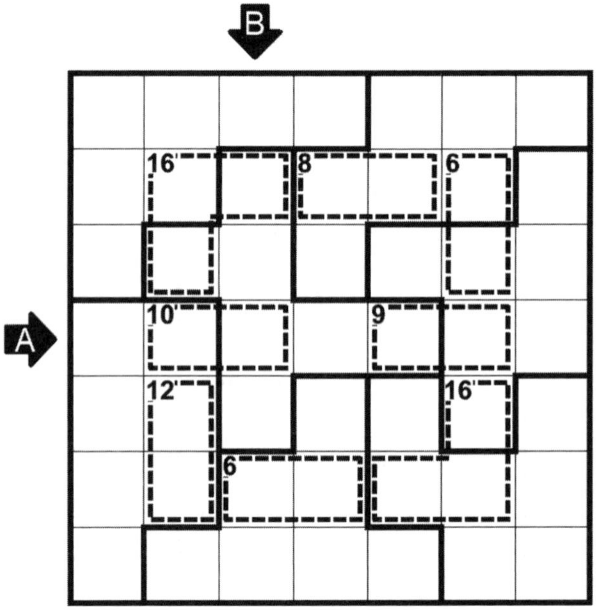

六宫连续对数独：在空格内填入数字1—6，使得每行、每列和每宫的数字均不重复。相邻两格之间有白点则两格内数字之差为1。符合条件的位置并未全部标出。

第7题

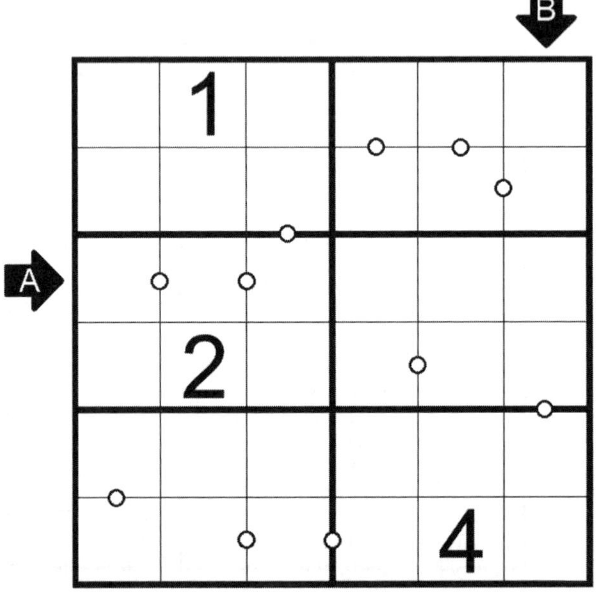

六宫摩天楼数独：在空格内填入数字1—6，使得每行、每列和每宫的数字均不重复。盘面内数字表示相应层数的楼房，盘面外提示数表示从该方向可以看到楼房的数量，层数高的楼房会挡住低层的楼房。

第8题

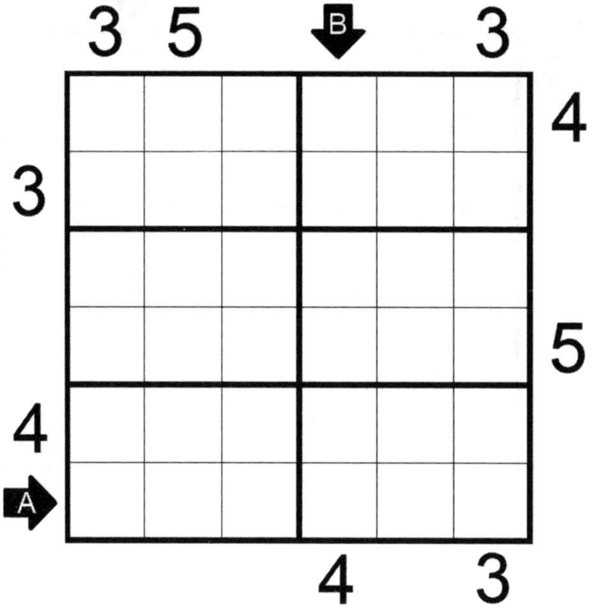

六宫箭头数独：在空格内填入数字1—6，使得每行、每列和每宫的数字均不重复。盘面中箭头尾部的圆圈格内数字为该箭头穿过所有格内数字之和，圈内有两个数字时，上下或左右组成的两位数为箭头穿过所有格内数字之和。

第9题

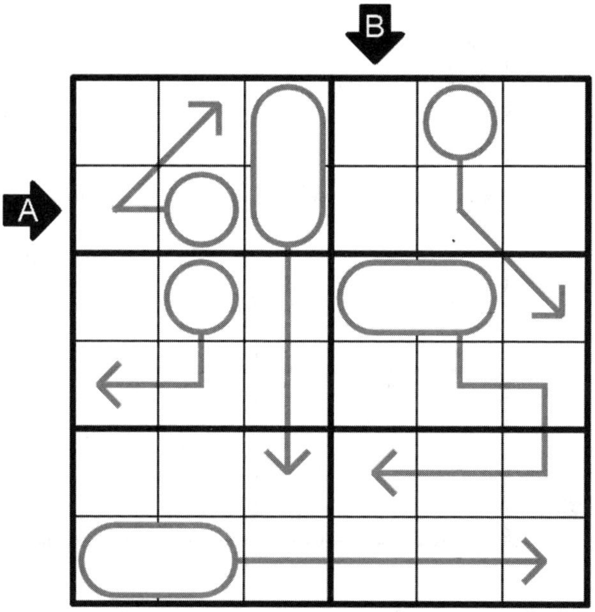

六宫排除数独：在空格内填入数字1—6，使得每行、每列和每宫的数字均不重复。圆圈中的数字表示两侧或四周格内不能出现的数字。

第10题

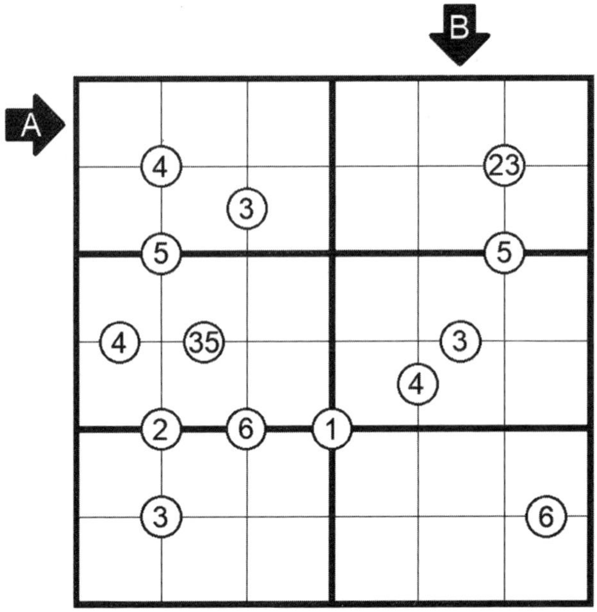

六宫质数数独：在空格内填入数字1—6，使得每行、每列和每宫的数字均不重复。白点两侧从上到下或从左到右的两位数必须为质数。

第11题

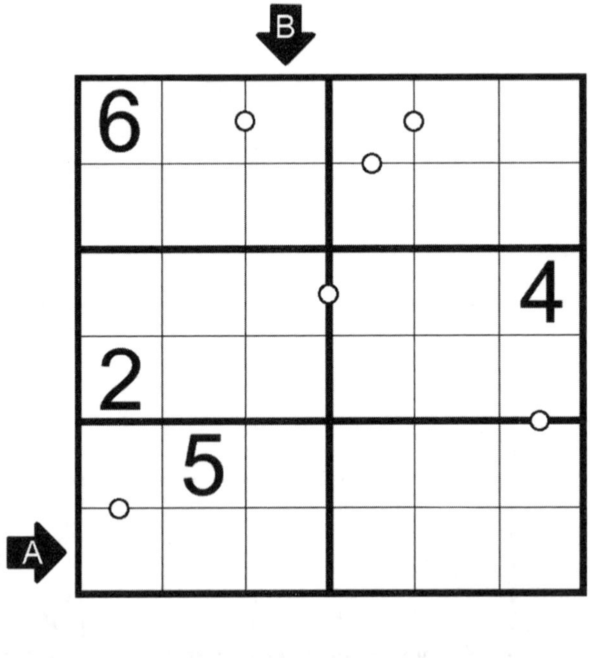

六宫寻6数独：在空格内填入数字1—6，使得每行、每列和每宫的数字均不重复。箭头所在格内数字表示从该格到箭头所指方向上数字6的距离。

第12题

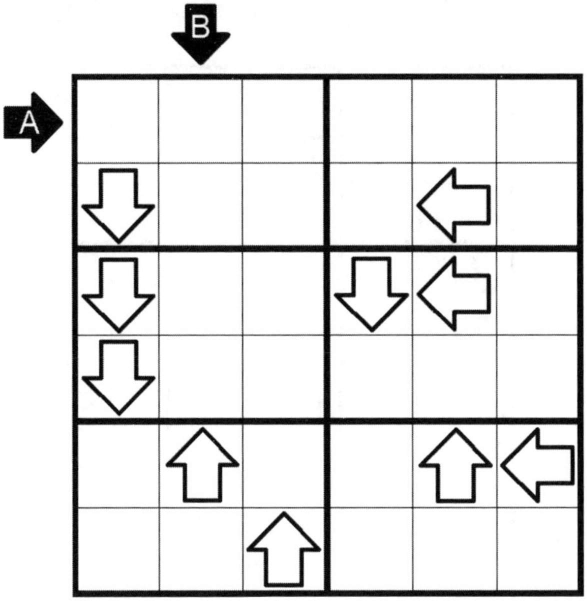

VX数独：在空格内填入数字1—9，使得每行、每列和每个宫内的数字均不重复。盘面中符号V两侧格内数字之和为5，符号X两侧格内数字之和为10。没有VX符号的相邻两格内数字之和不能为5或10。

第13题

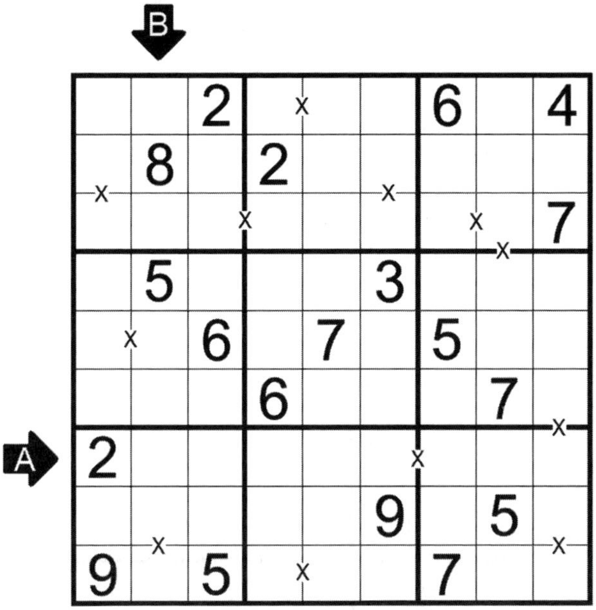

无马数独：在空格内填入数字1—9，使得每行、每列和每个宫内的数字均不重复。彼此形成国际象棋中马步位置的两格内不能填入相同的数字。

第14题

			8	9				
		6	7					
	4	5						
2	3				7			
1								2
			3				9	4
						1	5	
					4	2		
				3	9			

比例数独：在空格内填入数字1—9，使得每行、每列和每个宫内的数字均不重复。盘面内提示数表示两侧格内数字的比值关系。

第15题

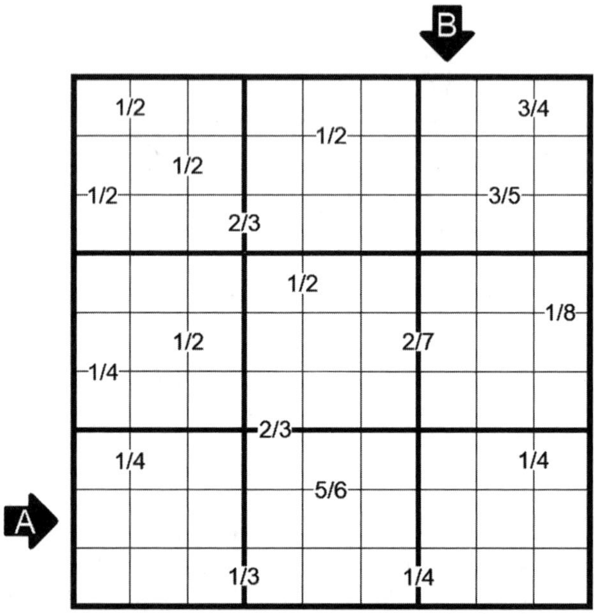

2022全国青少年数独锦标赛
决赛(网络赛)赛题

U18组

标准数独:在空格内填入数字1—9,使得每行、每列和每个宫内的数字均不重复。

第1题

									B
		8	9		3		2	6	
				2	4	7			
A		5						1	
	6		5	8		4	7		3
	3			6		9			1
	9		7	3		1	4		6
		7						4	
				7	1	2			
		3	1		9		6	7	

标准数独:在空格内填入数字1—9,使得每行、每列和每个宫内的数字均不重复。

第2题

B

	7		8	9	4		5	
8		6				4		9
	1			5			3	
2								6
	8		7		3		9	
5								8
	4			7			8	
7		8				1		4
	9		4	8	1		2	

A

标准数独:在空格内填入数字1—9,使得每行、每列和每个宫内的数字均不重复。

第3题

B

		4			9		8	
			1	7			5	4
1		3			8			
	6		7	4		5		8
		5				2		
2		8		9	5		1	
			9			6		1
4	1			5	7			
	3		2			4		

A

标准数独：在空格内填入数字1—9，使得每行、每列和每个宫内的数字均不重复。

第4题

6				7	5			
			2			5	6	
		1				9	8	
	1		9		2			5
5								6
8			5		1		3	
	7	5				2		
	6	8			9			
			4	5				8

对角线杀手数独：在空格内填入数字1—9，使得每行、每列、每个宫和两条对角线内的数字均不重复。虚线框内提示数表示框内数字之后，同一虚线框内的数字不能重复。

第5题

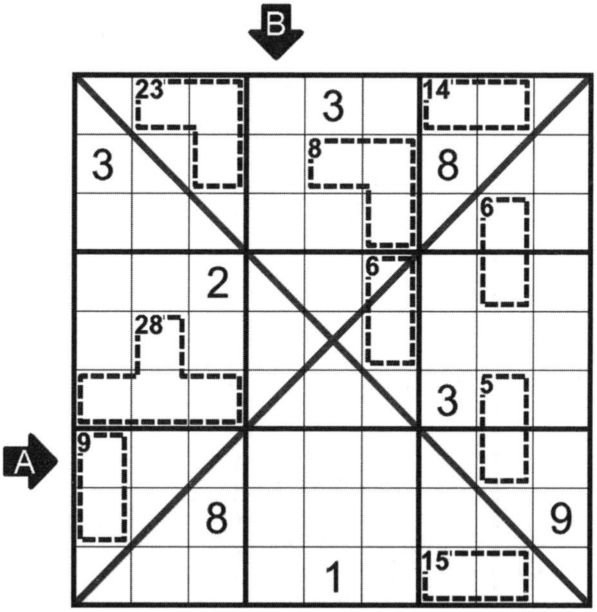

分散不规则数独：在空格内填入数字1—9，使得每行、每列、每个不规则形粗线宫和九个灰格内的数字均不重复。

第6题

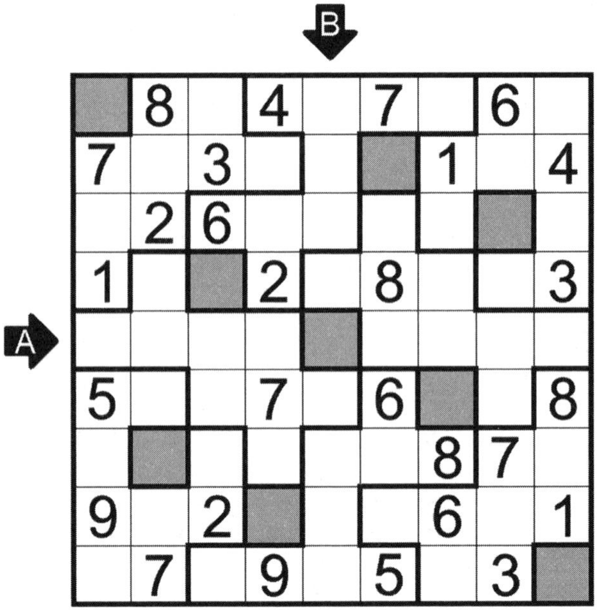

六宫连续对数独：在空格内填入数字1—6，使得每行、每列和每个宫内的数字均不重复。相邻两格之间有白点则两格内数字之差为1，符合条件的位置并未全部标出。

第7题

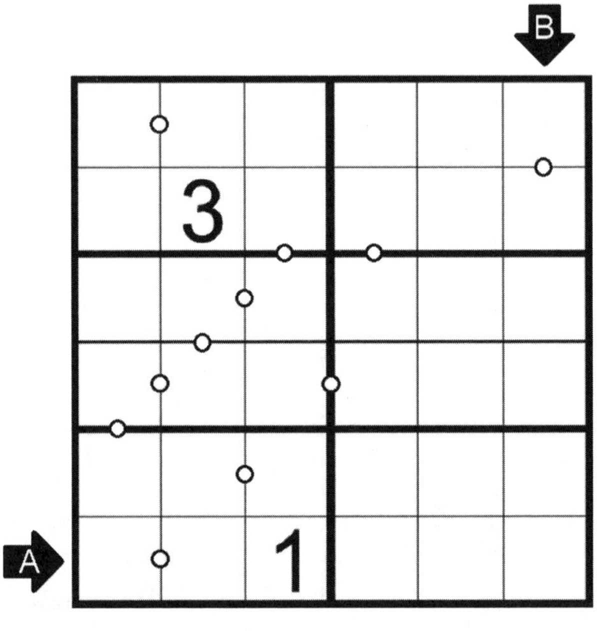

六宫双色蛋糕数独：在空格内填入数字1—6，使得每行、每列和每个宫内的数字均不重复。蛋糕符号表示周围四格内有两个奇数和两个偶数，且两个奇数对角相邻，两个偶数也对角相邻。符合上述条件的四格均已标出蛋糕符号。

第8题

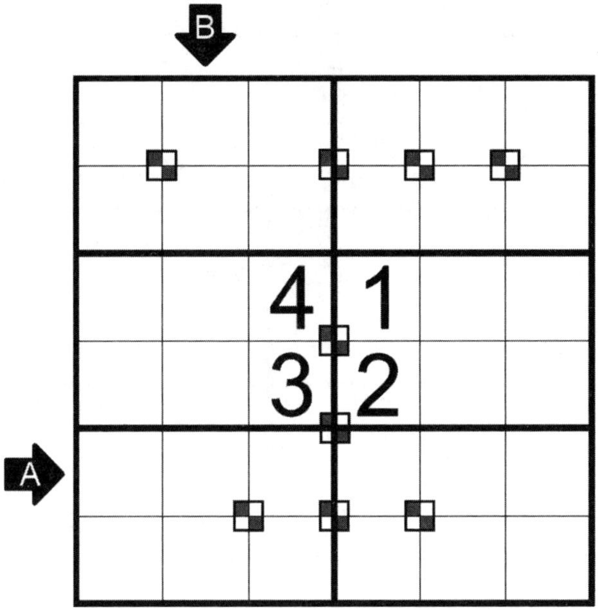

六宫小杀手数独：在空格内填入数字1—6，使得每行、每列和每个宫内的数字均不重复。盘面外提示数表示箭头所指方向上所有格内数字之和。

第9题

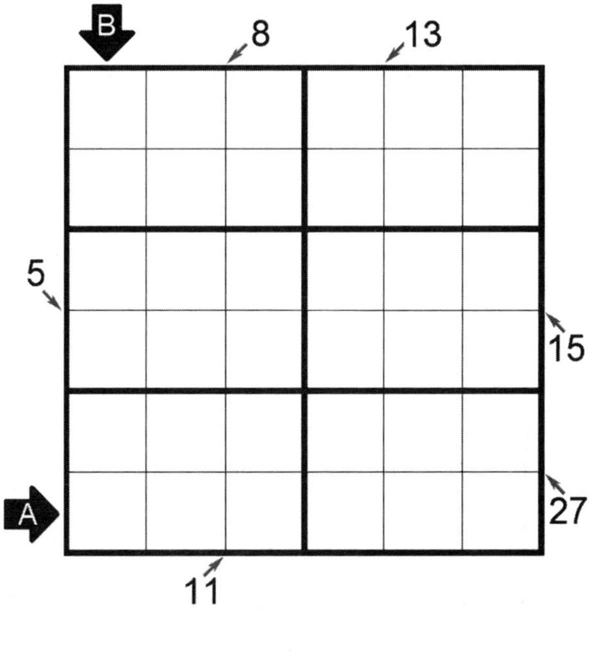

六宫堡垒数独：在空格内填入数字1—6，使得每行、每列和每个宫内的数字均不重复。盘面内灰色内的数字大于相邻白格内的数字。

第10题

六宫倍数数独：在空格内填入数字1—6，使得每行、每列和每个宫内的数字均不重复。两个间标记提示数的上下或左右两格组成的两位数必须是提示数的倍数。

第11题

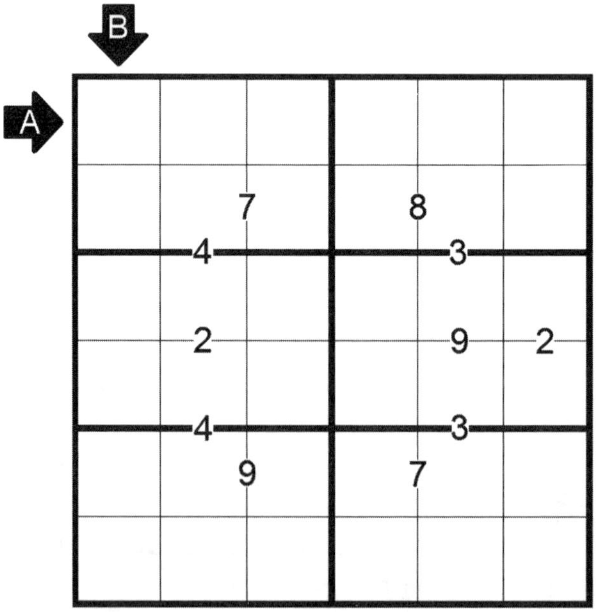

六宫X和数独：在空格内填入数字1—6，使得每行、每列和每个宫内的数字均不重复。盘面外提示数表示该方向上前X个数字之和，X为对应第一格内的数字。

第12题

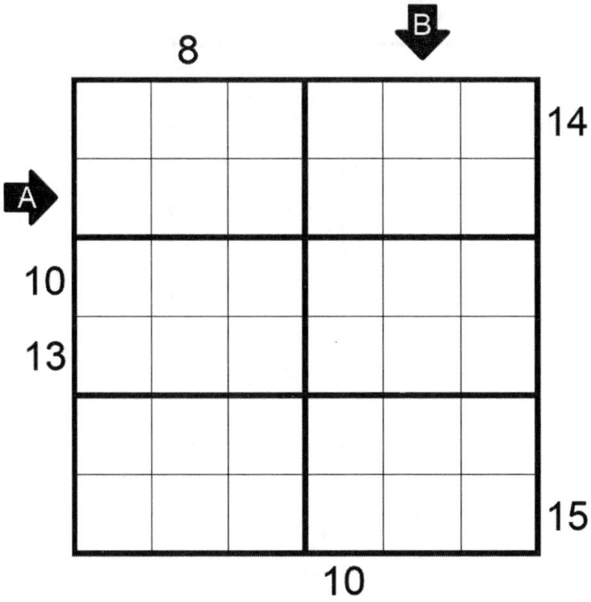

外提示数独：在空格内填入数字1—9，使得每行、每列和每个宫内的数字均不重复。盘面外提示数表示对应位置前三格内所含的数字，数字的顺序不受限制。

第13题

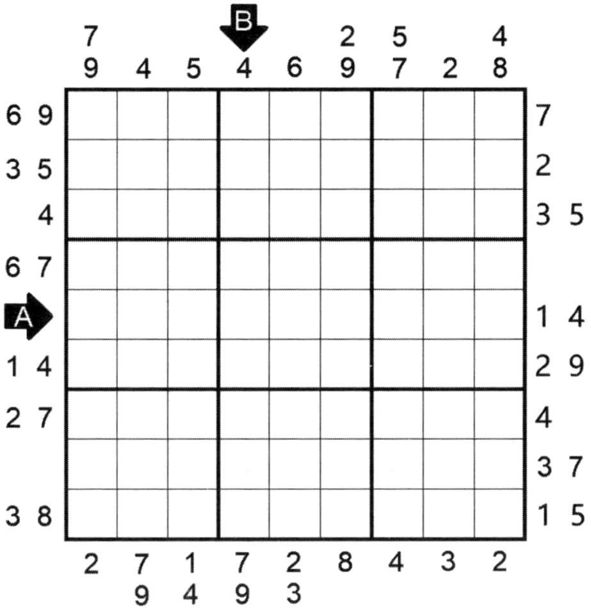

窗口数独：在空格内填入数字1—9，使得每行、每列、每个宫和四个灰色区域内的数字均不重复。

第14题

					9		8	
						6		1
			1				2	
		2		3				5
			4		5			
1				6		7		
	4				8			
3		6						
	5		9					

反对角线数独：在空格内填入数字1—9，使得每行、每列和每个宫内的数字均不重复。每条对角线上指包含3个不同的数字。

第15题

			4				6	
1				3		2		
	2		5		8			
		3				7		9
	4						8	
5		8				6		
			7		4		1	
		6		8				2
	3				9			

第三章
全国青少年数独锦标赛决赛（网络赛）典型真题详解

U8组决赛第7题　六宫对角线温度计数独解析

在空格内填入数字1—6,使得每行、每列、每个宫和两条对角线内的数字均不重复。盘面内每个温度计上的数字从圆球到末端的数字依次增大。

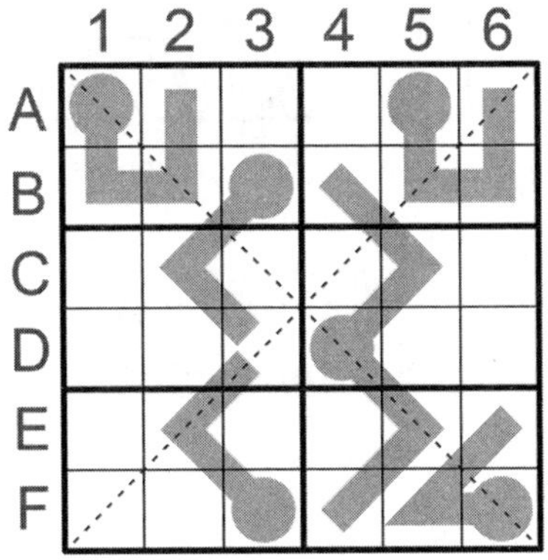

图1　六宫对角线温度计数独解析示意(一)

本题属于条件组合式的变形数独,将对角线条件和温度计条件加以组合形成了不太常见的题型。由于题目初始没有已知数,使得本题开局难度较大,需要对题目进行综合分析才能有效开局。原则上观察条件出现位置角度的区域进行分析,如本题的第一宫和第二宫(图1)。

根据温度计的特性,观察图2中B行只有B3格圆圈格可以填入数字1,B4格可以填入数字6,其余几格都是温度计的中间段不能填入最大和最小的数字。

此时将一宫的温度计进行候选数标记,为一宫提供更直观的线索。发现一宫内的数字2只能在A行,对二宫排除得到二宫的数字2只能填在B5格,并得到A5格填数字1。随后发现5列内的数字6只能填在D5格,再利用排除法得到六宫的数字6填在E6格,如图2所示。

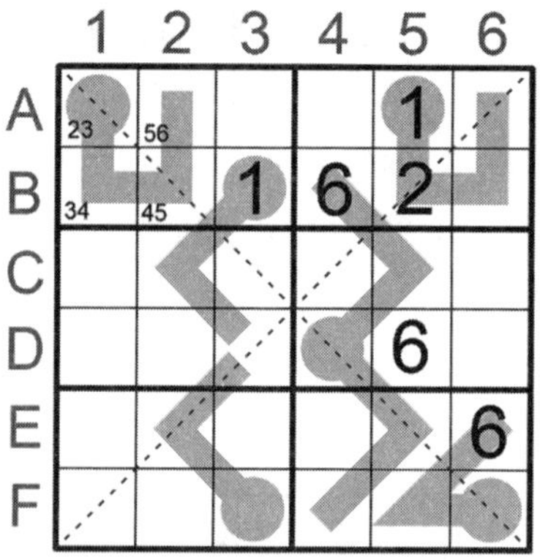

图2　六宫对角线温度计数独解析示意(二)

在图3中，对二宫温度计剩余两格候选数进行标记时发现B行内的数字5只能填在B2格内，并得到A2格填入数字6。利用排除法得到对角线上C3格和F1格填数字6。

随后可以利用排除法确定最小数1的位置，得到对角线上C4格填数字1，随后得到六宫F6格填数字1，五宫E1格填数字1和三宫D2格填数字1，如图3所示。

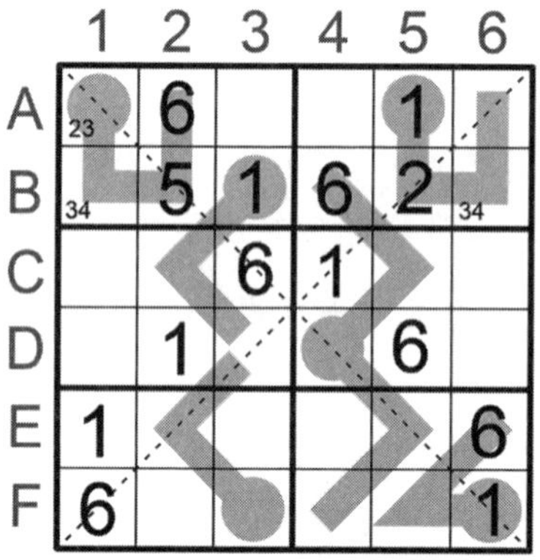

图3　六宫对角线温度计数独解析示意(三)

在图4中，在“对角线\”上数字4只能填在E5格，并得到F4格填数字5。随后利用排除法得到二宫的数字5填在A6格，四宫的数字5填在C5格，1列的数字5填在D1格，一宫的数字5填在B2格，五宫的数字5填在E3格，如图4所示。

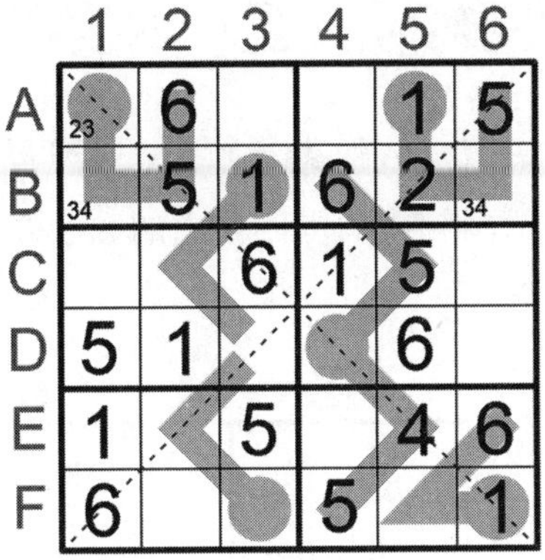

图4　六宫对角线温度计数独解析示意(四)

在图4中,根据温度计的性质和排除法可以将其余格全部定位。可先将“对角线/”中剩余两格的数字3、4进行定位。这样便得到本题的答案(图5)。

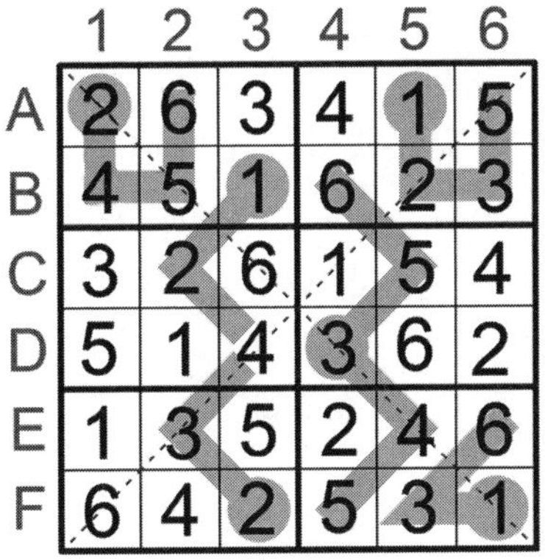

图5　六宫对角线温度计数独解析示意(五)

U8组决赛第10题 六宫加法数独

在空格内填入数字1—6,使得每行、每列和每个宫内的数字均不重复。盘面内提示数表示两侧或周围四格内的数字之和。

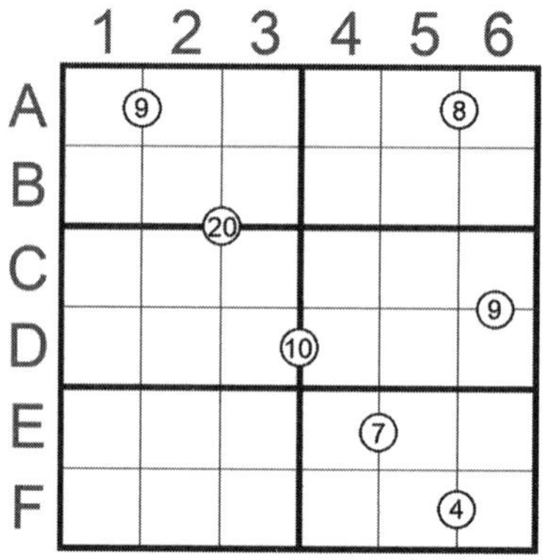

图1 六宫加法数独解析示意(一)

加法数独中较大的题目初始通常没有已知数字,需要先对提示数进行候选数标记,为题目初期提供线索。在图1中有一处四格提示数20,此四格内数字较大,如果其中对角两格出现最大的双6数字,另外两格内也不能出现数字1和数字2,这是本题的重要条件需要留意。根据上述提示可以得到图2所示的情况。

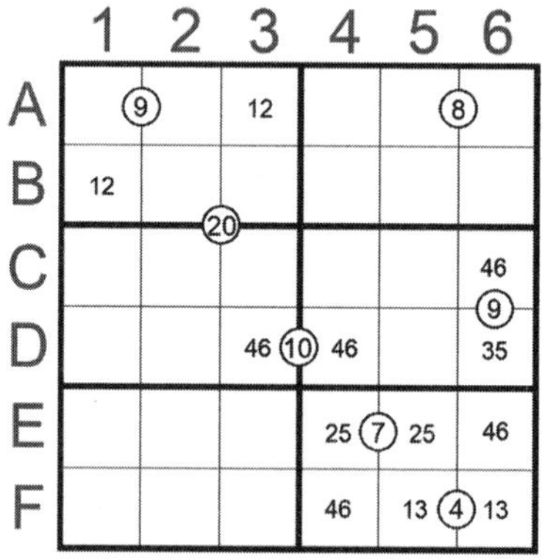

图2 六宫加法数独解析示意(二)

如图3所示，先标出六宫内的1、3数对，随后标记2、5数对和4、6数对。然后根据D行标记的4、6数对，标出D6格内只能填数字3或数字5，随后标出C6格内只能是数字4或数字6，又得到6列内C6格和E6格内形成4、6数对。最后根据一宫内的提示数9和提示数20，可以标出一宫内的数字1、数字2只能在A3和B1两格内。根据标记出的条件形成的4、6数对可以运用排除法对二宫进行排除，由于二宫内的提示数8两侧格内不能填入数字4，可以得到二宫内B5格填数字4和A5格填数字6。并继续标记得到图3所示的情况。

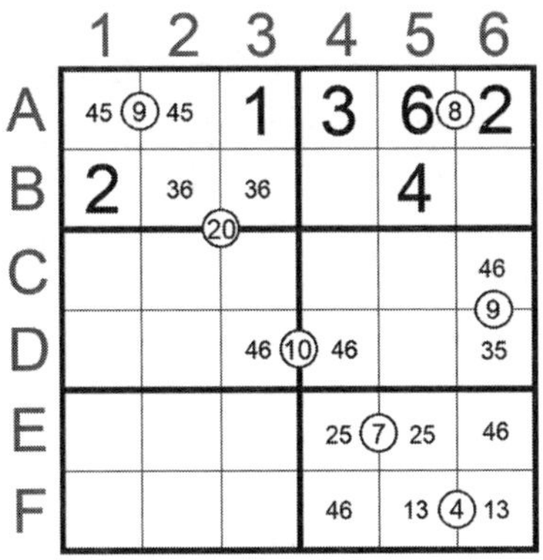

图3　六宫加法数独解析示意（三）

在图3中，得到数字4、6和2后，将一宫的数字1、2进行定位。随后标注出一宫的4、5数对和3、6数对。再分析提示数20的另两格数字之和为11，这里也是唯一性的数对5、6。利用排除法就可以将周围的提示数进行定位，如图4所示。

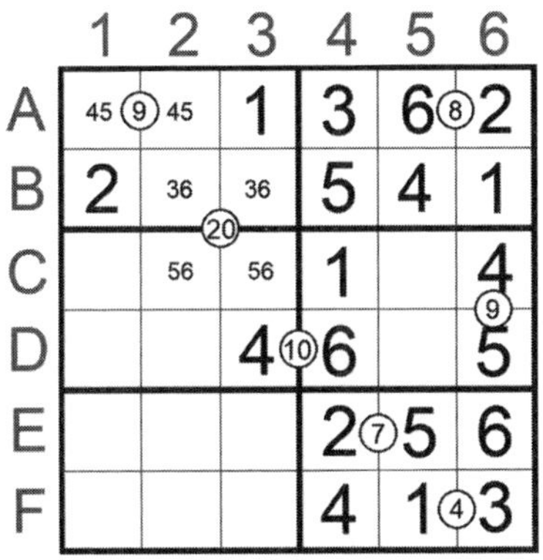

图4　六宫加法数独解析示意（四）

在图4中，先利用C2和C3两格内的5、6数对将C6格的数字4定位，随后利用排除法将周围的线索全部确定。此时利用B1格的数字2对三宫进行排除，再利用排除法将其余空格全部定位，得到本题的答案（图5）。

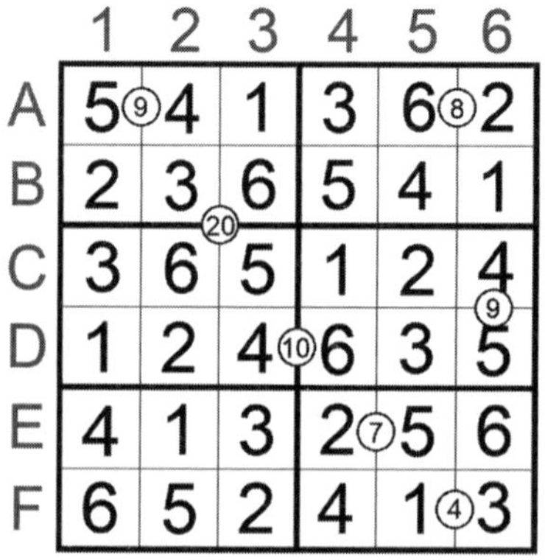

图5　六宫加法数独解析示意（五）

U8组决赛第13题　六宫回文数独解析

在空格内填入数字1—6，使得每行、每列和每个宫内的数字均不重复。盘面内每条灰线从首尾两头开始阅读的结果都相同。

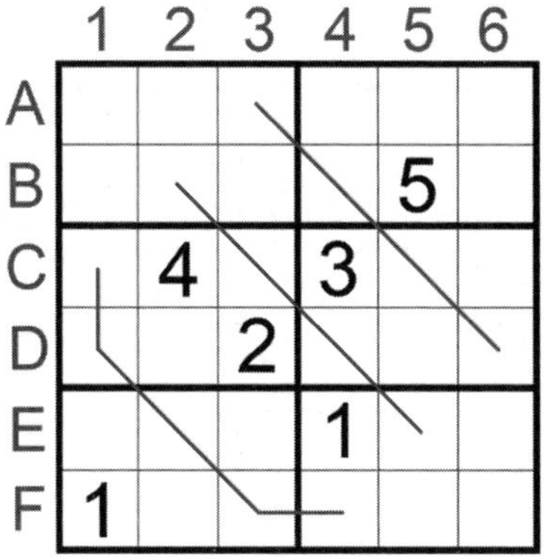

图1　六宫回文数独解析示意(一)

这道回文数独已知数较少，开局需要结合已知数和回文条件进行突破。可以先从两个数字1观察，利用观察回文条件的对称性和排除法结合进行推理(图1)。

用F1格的数字1对三宫排除，如果C3填数字1根据回文条件D4填数字1，出现矛盾。所以三宫内D2格只能填数字1。再用D2格的数字1对四宫排除，如果C5格填数字1，根据回文条件则B4格也填数字1，出现矛盾。所以得到四宫内只有C6格填数字1。再利用排除法得到二宫和一宫内的数字1，如图2所示。

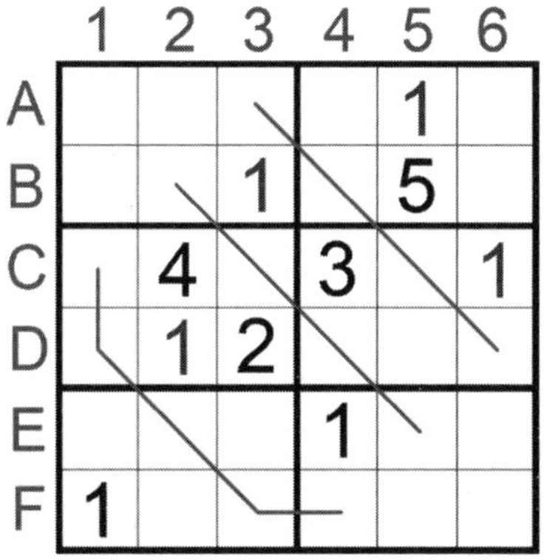

图2　六宫回文数独解析示意(二)

在图2中，观察数字3的排除线索，利用C4格的数字3对三宫排除，得到D1格填数字3，再根据回文条件得到对应位置的F3格填数字3。随后利用排除法得到5列内只有E5格填数字3，再根据回文条件得到对应位置的B2格填数字3。最后得到二宫内A6格填数字3，如图3所示。

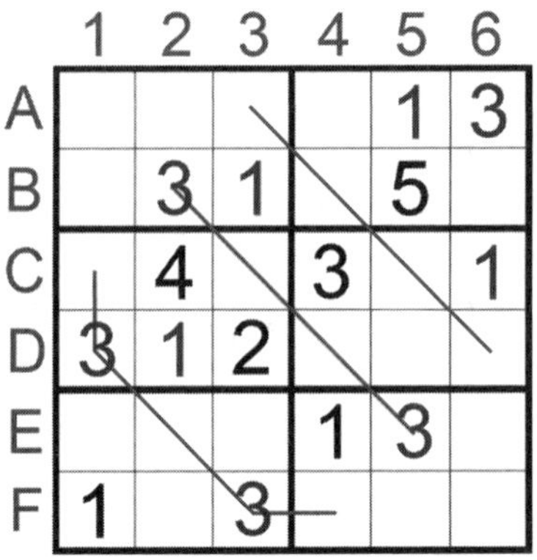

图3　六宫回文数独解析示意(三)

在图3中，先利用数字2的排除，得到四宫C5格填数字2，根据回文条件得到B4格填数字2。此时遇到本题较难的一处卡点。观察4列的空格和数字4的线索。发现根据回文条件，得到D4格和F4格都不能填入数字4，所以4列内只有A4格可以填入数字4，如图4所示。

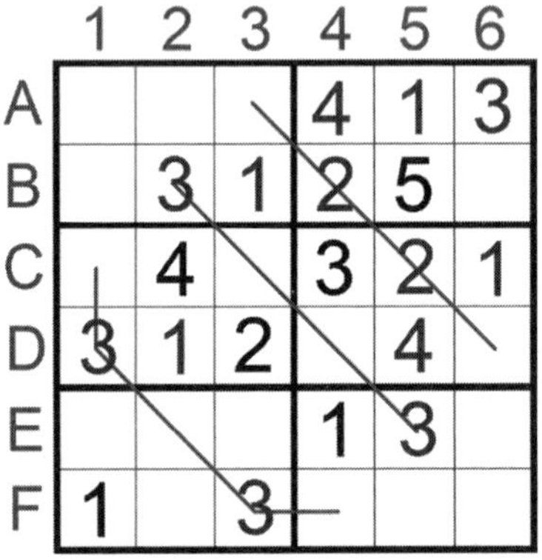

图4　六宫回文数独解析示意(四)

在图4中，根据排除法可以将剩余的空格全部填满，最终得到本题的答案如图5所示。

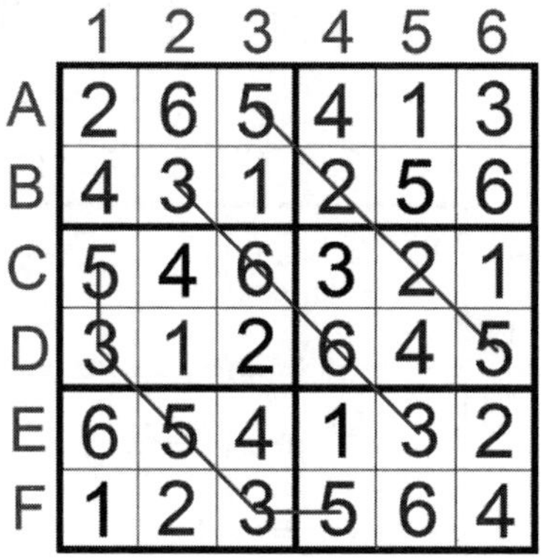

图5　六宫回文数独解析示意(五)

U10组决赛第9题　六宫电子表数独解析

在空格内填入数字1—6，使得每行、每列和每个宫内的数字均不重复。每个框内的数字可以组成一个24时计时法的有效时间。

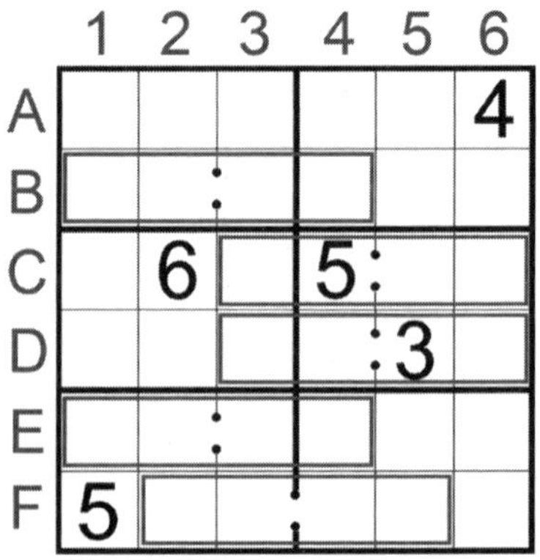

图1　六宫电子表数独解析示意(一)

电子表数独是一种特殊的变形数独，这种题型的电子表条件内需要填入一个符合24小时制的真实有效的时间，解题时需要对这种电子计时有一定的了解(图1)。例如，电子表符号四格的第一格内只能填入数字1或数字2，并且首位是数字2时，第二格可填入的数字也受较多的限制。第三格内数字不能大于数字5，在九宫数独中可以限制更多大数字的填入。

题目开局已知数较少，需要结合电子表符号进行分析，尤其是前两格的限制条件。在电子表首格不能确定时，可以先标出候选数1、2，有时可以和另一格形成数对线索。开局进行简单的标记和整理可以得到图2所示的情况。

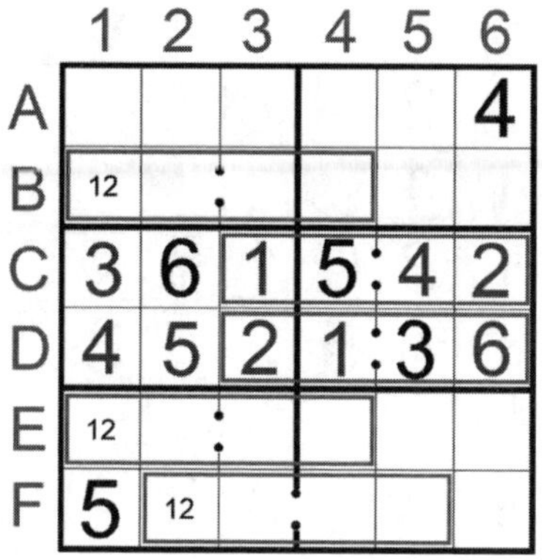

图2　六宫电子表数独解析示意(二)

在图2中,由于C4格在电子表的第2格是数字5,那么首位的C3格只能填入数字1。随后得到D3格是数字2,则D4格在电子表第2格只能填入数字1。再利用A6格的数字4对四宫排除,可以将三宫和四宫内的数字全部填满。

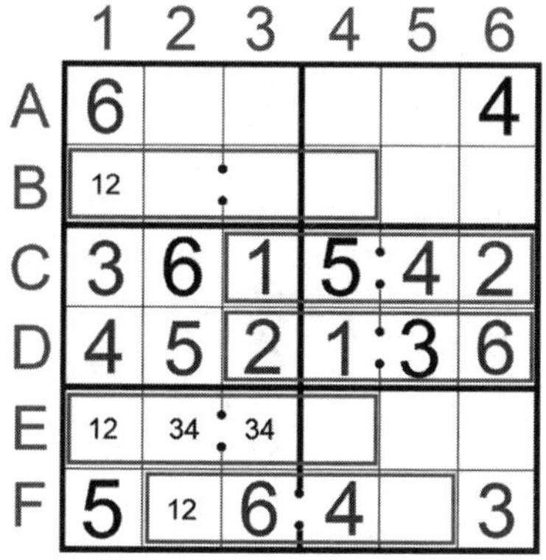

图3　六宫电子表数独解析示意(三)

随后观察第五宫,由于E3格是电子表第3格不能填入数字6,可以得到五宫内的数字6只能填在F3格。这样五宫剩余两格就形成了3、4数对,利用该条件对六宫排除,可以得到F4格填数字4和F6格填数字3,如图3所示。

在图3中,由于F3格是电子表第2格已经填入数字6,那么首格就不能再填数字2了,经过整理可以将周围的数字定位,如图4所示。

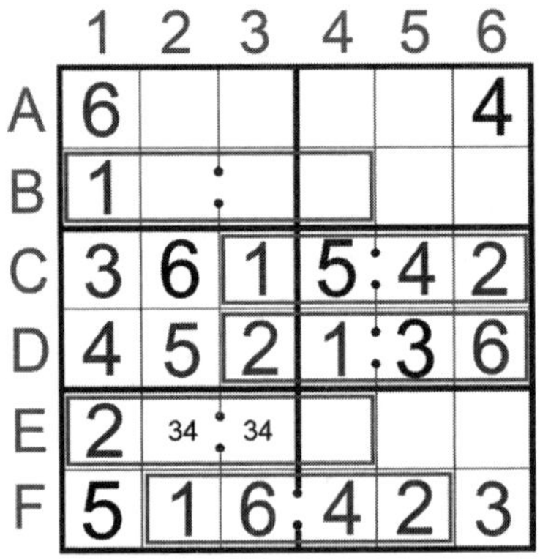

图4　六宫电子表数独解析示意(四)

在图4中,由于E1格是电子表首格出现了数字2,那么第2格不能再填入数字4。后续步骤可以利用排除法将剩余空格全部填满,得到本题答案(图5)。

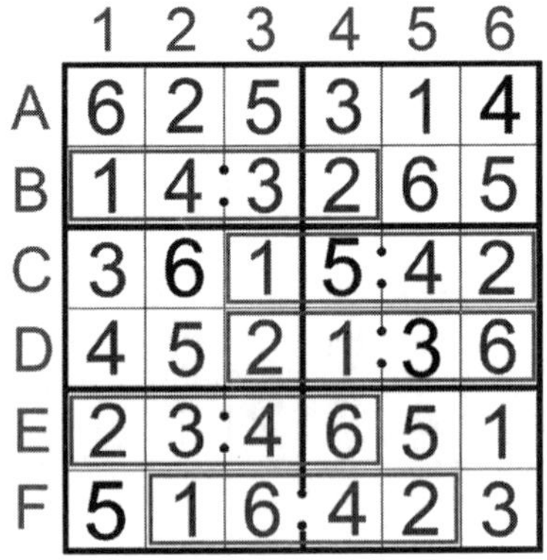

图5　六宫电子表数独解析示意(五)

U10组决赛第10题　六宫四格提示数数独解析

在空格内填入数字1—6,使得每行、每列和每个宫内的数字均不重复。提示数表示周围四格内的数字。

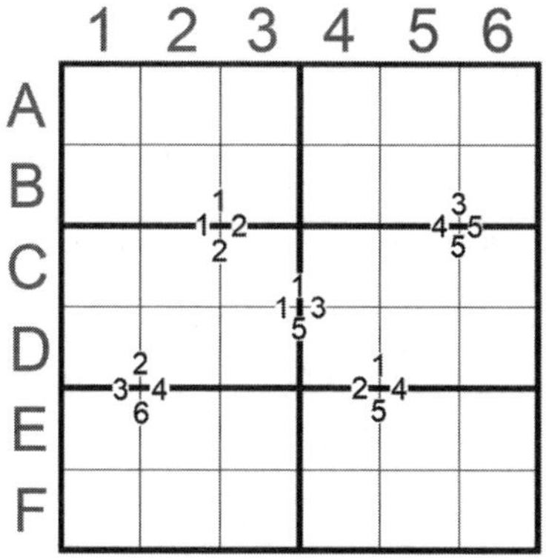

图1　六宫四格提示数数独解析示意(一)

四格提示数数独需要利用提示数出现在不同的位置,运用连锁格的判断再结合排除法进行综合推理解题。图1中间的三组提示数有共用连锁格,可以先从连锁格进行突破,由于C3格被两组提示数共用,该格只能填这两组提示数的交集,只能填入数字1。随后可以将周围提示数进行定位,再利用数字1进行排除,结合提示数的占位作用将数字1全部定位,如图2所示。

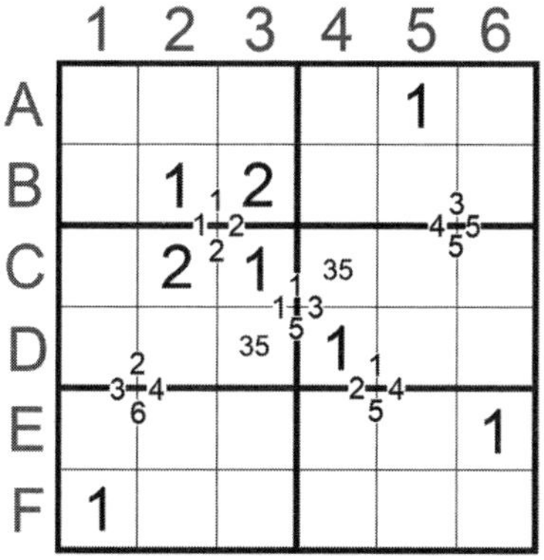

图2　六宫四格提示数数独解析示意(二)

在图2中,可以利用排除法得到五宫的数字2只能填在E1格内。再根据二宫和四宫中间的四格提示数3、4、5、5可以判断出C5或C6两格内必然有数字5,根据这个区块条件,可以将C4格和D3格内的数字3、5定位。上述四格提示数也可以判断出B5和D5两格内也必然有数字5,可以对下方的四格提示数排除得到E4格填数字5,再对周围线索进行整理得到图3所示的情况。

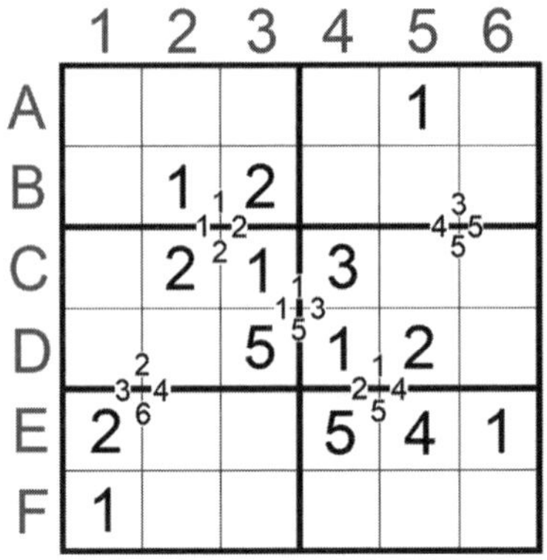

图3　六宫四格提示数数独解析示意(三)

在图3中,观察三宫下方四格提示数的线索,利用C4格的数字3对三宫排除,可以确定D1和D2两格内必出现数字3,那么该四格提示格的E2格内便不能再填入数字3。可以得到E行剩余两格的E3格填数字3和E2格填数字6。随后根据该四格提示线索得到三宫的数字6只能填在C1格内。再利用排除法得到D6格填数字6,并将四宫上方的四格提示数进行数对标记,如图4所示。

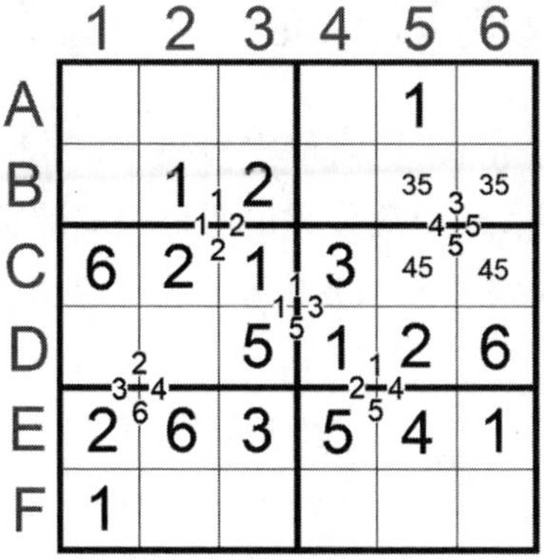

图4　六宫四格提示数数独解析示意（四）

在图4中，可以利用E5格的数字4将四宫内数字4、5进行定位，随后利用C1格的数字6对B行进行排除，得到B4格填入数字6和B1格填入数字4。后续步骤可以利用排除法将剩余空格全部定位，得到本题答案（图5）。

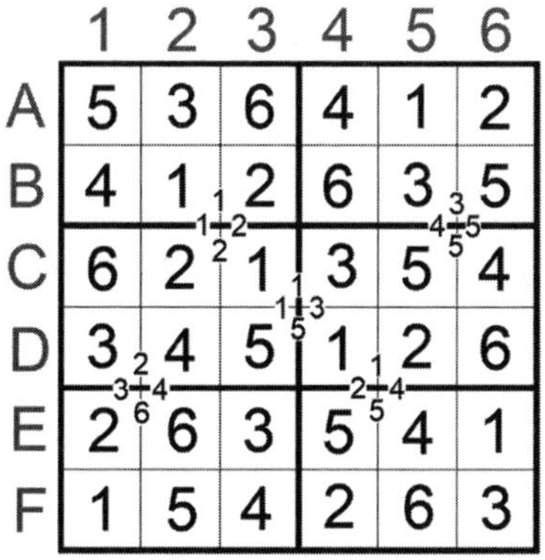

图5　六宫四格提示数数独解析示意（五）

U10组决赛第12题　奇偶大小数独解析

在空格内填入数字1—8，使得每行、每列和每个宫内的数字均不重复。盘面外的文字表示对应位置前两格内的数字属性。奇数为1、3、5、7，偶数为2、4、6、8，大数为5、6、7、8，小数为1、2、3、4。

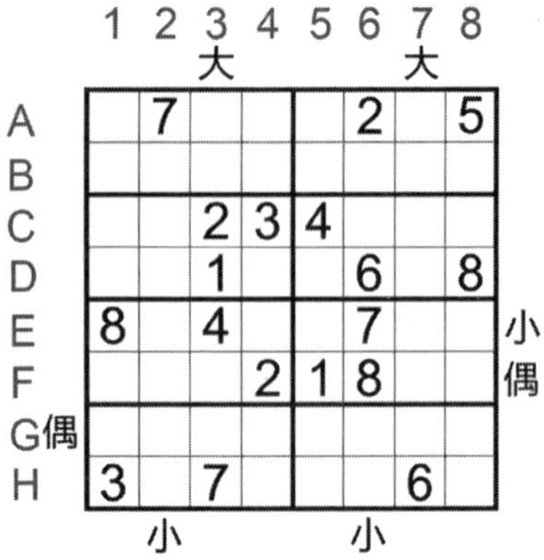

图1　奇偶大小数独解析示意(一)

奇偶大小数独是一种综合考察格内数字属性的经典题型。由于该提示固定是八宫数独，使得在运用排除法的观察时与日常形成的做题习惯有较大的差异，这也是本题型的入门难点之一(图1)。

由于本题已知数较多，盘外提示文字较少，可以先用排除法得到一些确定性的线索。例如，对三宫内的数字6、8定位，五宫内的数字7进行定位，如图2所示。

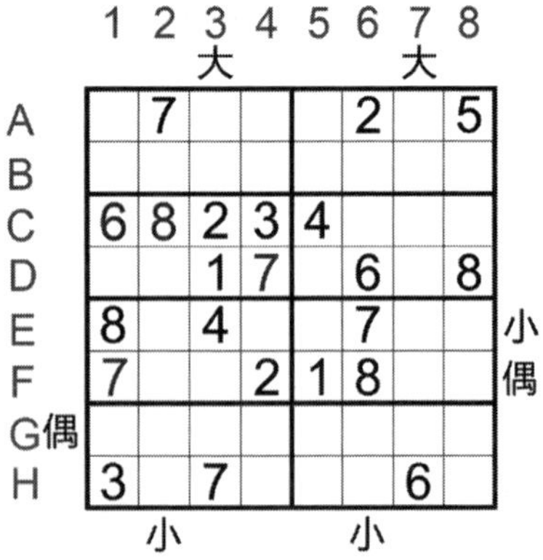

图2　奇偶大小数独解析示意(二)

在图2中，只观察已知数无法进行有效推理，此时需要结合盘外的提示文字进行分析，注意提示文字是对前两格内的数字进行限制，对可以确定的数对或者只剩两个候选数的格进行标记。有些情况可以结合周围数字运用排除法进行定位。例如，7列上方提示文字是大，那么A7和B7两格内只能是5、6、7、8这几个大数字，结合A8格的数字5和H7格的数字6，可以判断这两格内数字为7和8，再利用A2格的数字7对其排除，可以将两格内数字7、8定位。同理，F7和F8两格内是偶数也可以用同样的思路进行定位，如图3所示。

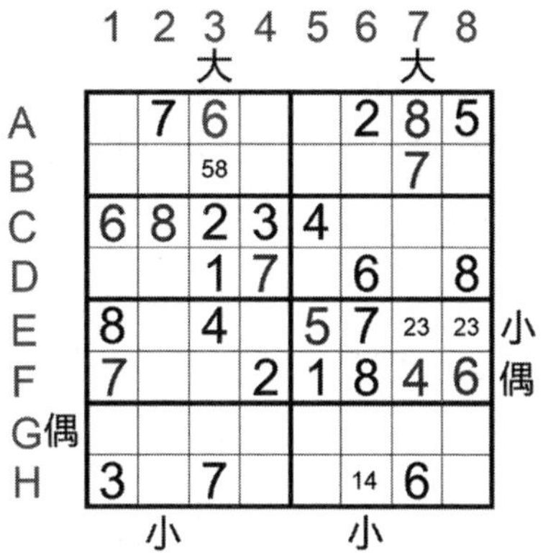

图3　奇偶大小数独解析示意(三)

在图3中，根据3列上方提示文字大得到A3格只能填数字6，并标出B3格内候选数对为5、8。同理，标出H6格内的候选数对为1、4。这种单格候选数标记在奇偶大小数独中也比较常用，标出后再观察其他数字的排除法时，更容易对标记格的宫内线索进行观察。例如，利用C4格和H1格的数字3对一宫排除，可以判断只有B2格可以填入数字3(图4)。

	1	2	3	4	5	6	7	8	
			大				大		
A		7	6		3	2	8	5	
B	2	3	58		6		7		
C	6	8	2	3	4				
D			1	7		6	3	8	
E	8		4		5	7	2	3	小
F	7			2	1	8	4	6	偶
G偶	4	26				3			
H	3		7			14	6		
		小				小			

图4　奇偶大小数独解析示意(四)

在图4中,先利用数字3和数字2的排除,将盘面中这两个数字进行定位。再观察G行左侧的提示文字偶,确定G1格只能填入数字4。并标出G2格内候选数为2、6,又由于2列下方提示文字是小,判断G2格内不能出现数字6,可以确定G2格为数字2。此时盘外的提示文字线索基本使用完毕,后续步骤可以利用排除法得到本题答案(图5)。

	1	2	3	4	5	6	7	8	
			大				大		
A	1	7	6	4	3	2	8	5	
B	2	3	5	8	6	1	7	4	
C	6	8	2	3	4	5	1	7	
D	5	4	1	7	2	6	3	8	
E	8	6	4	1	5	7	2	3	小
F	7	5	3	2	1	8	4	6	偶
G偶	4	2	8	6	7	3	5	1	
H	3	1	7	5	8	4	6	2	
		小				小			

图5　奇偶大小数独解析示意(五)

U12组决赛第9题　六宫箭头数独解析

在空格内填入数字1—6,使得每行、每列和每宫的数字均不重复。盘面中箭头尾部的圆圈格内数字为该箭头穿过所有格内数字之和,圈内有两个数字时,上下或左右组成的两位数为箭头穿过所有格内数字之和。

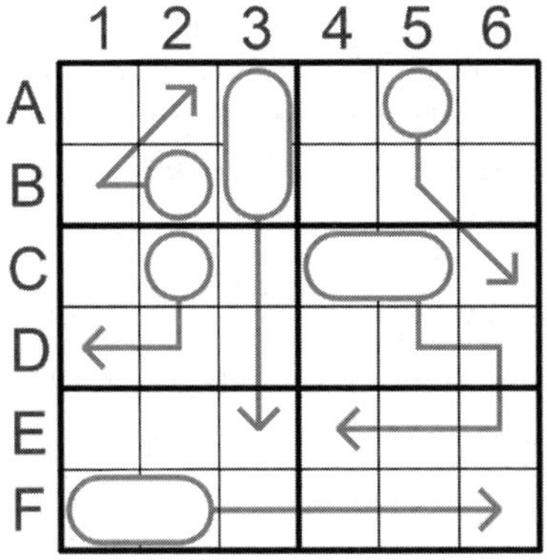

图1　六宫箭头数独解析示意(一)

箭头数独是一种比较常见的变形数独,但图1中箭头的圆圈格为双格的情况不太常见。需要对这种双格圆圈箭头进行综合分析才能使题目顺利开局。

本题中F行内的条件标记特殊,前两格组成的两位数恰好是后四格内的数字之和。首先可以判断F1格内只能填入数字1,再对后面5个数字的和进行分析,发现F2格只有填入数字5才能使F行的箭头条件成立。同理,可以判断3列内的箭头圆圈上方格填入数字1。随后利用排除法得到三宫内的数字1在D2格。最后利用F2格的数字5对一宫排除,观察3列内的箭头与F行内的箭头条件长度不同,所以3列箭头圆圈下方的B3格肯定不能填入数字5。如果B1格为数字5,则B2格只能是数字6,那么A2格填数字1,与A3格的数字1也会发生矛盾。综上所述得到一宫的数字5只能填在A1格,如图2所示。

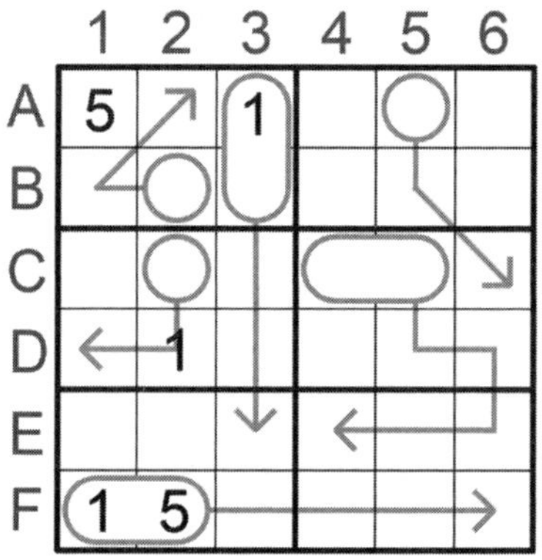

图2　六宫箭头数独解析示意(二)

在图2中,分析一宫内的箭头三格,发现B2格内只能填入数字6,那么一宫内的数字3便只能填在B3格。再根据3列内的箭头条件可以确定F3格为数字4。随后可以标出三宫内箭头条件中的候选数。还可以整理出六宫内上方三格候选数为1、4、5,因为这三格同处于上方的大箭头内,得到这三格的数字之和,为判断上方箭头条件提供了重要的线索,如图3所示。

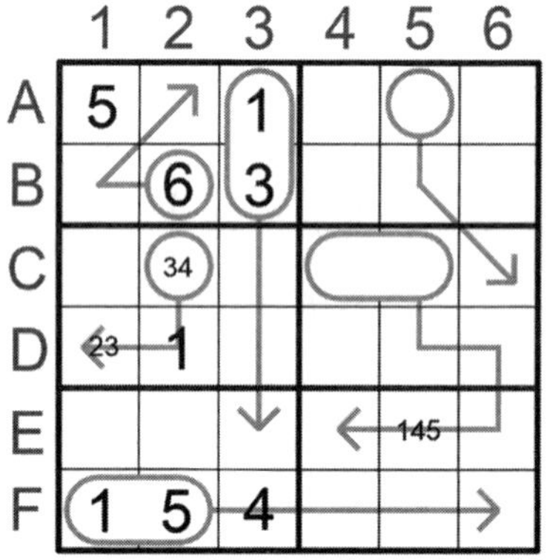

图3　六宫箭头数独解析示意(三)

如图3所示,遇到本题最大的难点,此处需要对四宫内的大箭头条件进行综合分析,才能顺利突破。由于此时没有比较直接的推理思路,需要综合盘面已有的线索对四宫内箭头圆圈双格内的数字情况进行分析。目前得知E4、E5和E6三格数字之和为10。如果D5格和D6格内为5、6数对，那么理论上四宫的箭头圆圈双格也可以是数字2、1。当然这个双格内也可以是1开头的两位数，我们就是要根据目前的条件推理出C4格内到底是数字1还是数字2。

解题时需要使用试错法，虽然我们一般不提倡试数，但遇到难度较大的题目，如果可以在几格内进行推理试错，然后确定某格内的填数也是解出难题时常用的思路。试错没有固定的模式，原则上假设一个数字可以扩散出较多确定线索就是比较好的尝试，如果恰好假设该数字后很快推理出矛盾，那么就可以快速排除这个假设数字，得到另外一种情况的正确结论。

我们可以假设C4和C5两个圆圈格内是数字21，那么D5和D6两格内只能是5、6数对，C6和D4两格内为3、4数对。然后利用三宫内区块4对C6格排除，得到数字3。再分析C6格所在的箭头，B5格填数字2矛盾、填数字3也矛盾，如果填数字1则与B5格假设的数字1矛盾。此时发现假设四宫箭头圆圈格内填数字2、1是行不通的，便可以确定C4格只能填数字1。试错步骤如图4所示。

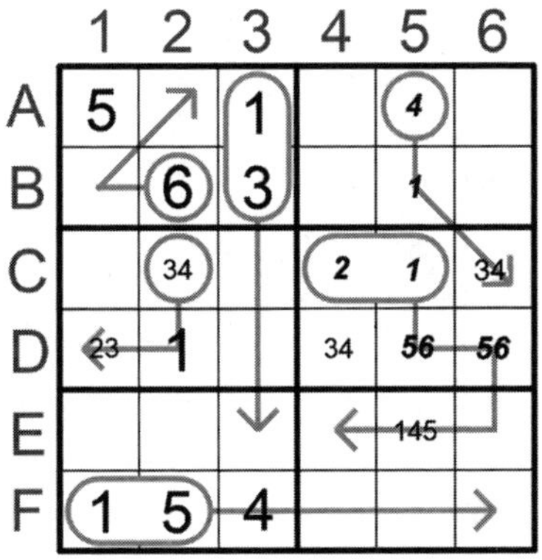

图4　六宫箭头数独解析示意(四)

由于C4格只能填数字1，便可以对该箭头进一步分析。由于E4、E5和E6三格数字之和是10。那么C5格的数字和D5、D6两格内的数对可以选择的可能性很小，判断出D5和D6两格之和是C5格内的数字，如果这两格是2、3数对则与D1格内只剩候选数2、3发生矛盾。所以可以确定D5和

D6两格内为2、4数对，C5格内填入数字6，得到图5所示的情况。

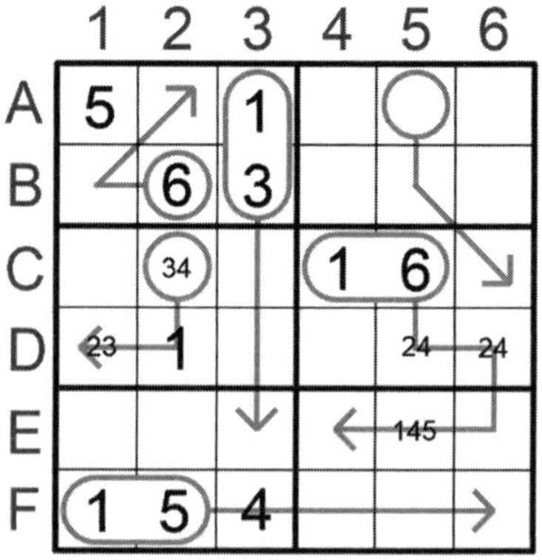

图5　六宫箭头数独解析示意（五）

在图5中，可以利用D5和D6两格内的2、4数对排除D1格，后续步骤可以利用排除法全部确定，得到本题答案（图6）。

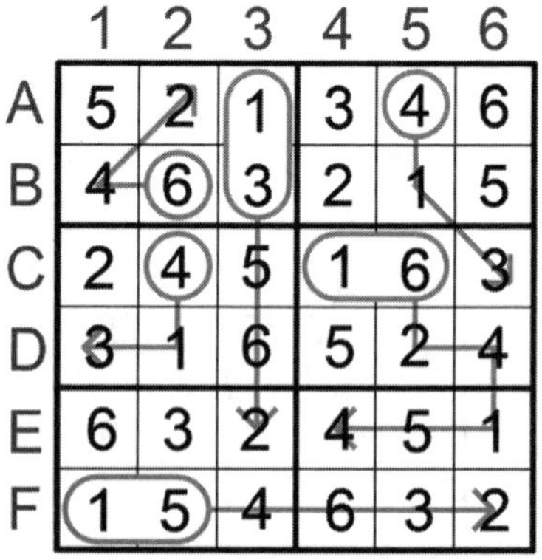

图6　六宫箭头数独解析示意（六）

U12组决赛第10题　六宫排除数独解析

在空格内填入数字1—6,使得每行、每列和每宫的数字均不重复。圆圈中的数字表示两侧或四周格内不能出现的数字。

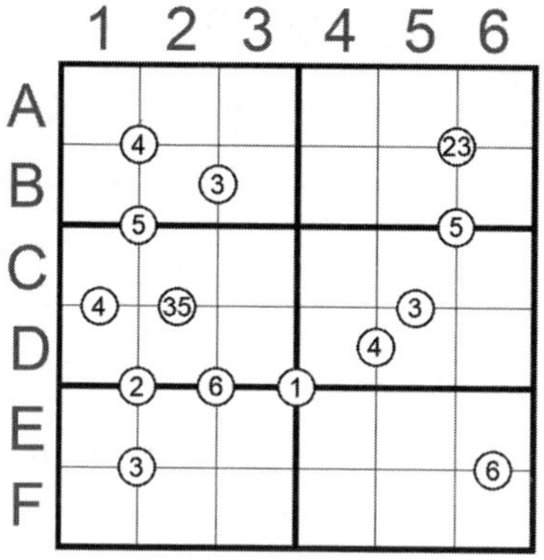

图1　六宫排除数独解析示意(一)

排除数独时提示数表示排除周围格内的数字,这种反向的比较条件与众多变形条件和常用的标记都不相同,需要解题者调整平时的观察习惯,不要将标记与区块条件混淆。该题型的提示数常用于对某数字的排除,比较容易在宫内形成区块线索(图1)。

本题开局可以观察数字5的排除条件,由于二宫圆圈格内的排除2、3条件可以在二宫内形成2、3数对,再结合二宫下方排除5的条件,可以在二宫形成区块5。利用该区块对一宫排除,结合一宫下方的排除5条件,一宫只有B3格能填数字5。再观察三宫内的排除5的条件,可以得到三宫内只有D1格能填数字5。经过整理后可以得到图2所示的情况。

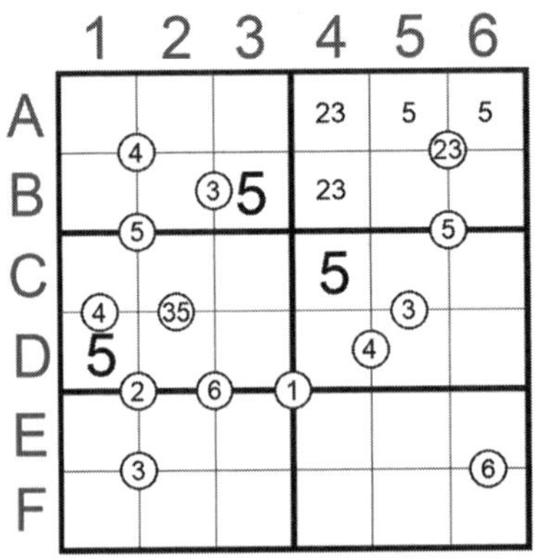

图 2　六宫排除数独解析示意(二)

在图 2 中,根据一宫的排除 4 的条件,得到 A3 格填数字 4。五宫内根据排除 3 的条件,得到区块 3,利用该条件对一宫排除得到 C1 格填数字 3。继续对一宫排除并结合排除 3 的条件,得到 A2 格填数字 3。随后可以将二宫内的数字 2、3 定位,最后对四宫排除,得到 D6 格填数字 3,如图 3 所示。

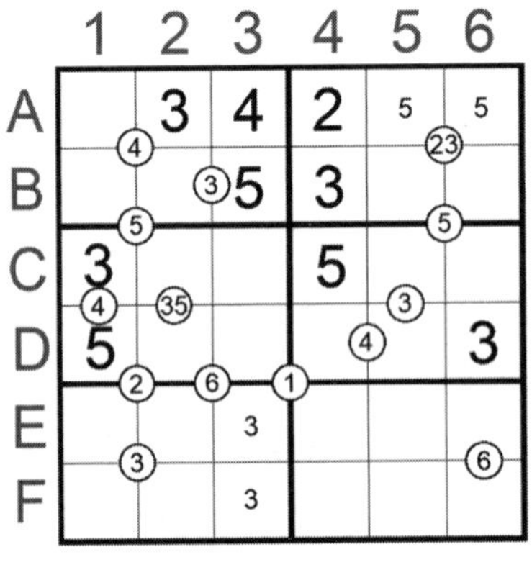

图 3　六宫排除数独解析示意(三)

在图 3 中,观察中间位置的排除 1 的条件,可以对 4 列进行排除,得到 F4 格填数字 1。再利用四宫内的排除 4 的条件,将 4 列最后两格进行排除定位,得到 E4 格填数字 4 和 D4 格填数字 6。随后观察 D 行内的线索,利用 A3 格的数字 4 排除 D3 格,再结合四宫排除 4 的条件,得到 D 行只有 D2 格能填数字 4。再利用排除 1 的条件对 D 行剩余两格进行定位,得到 D5 格填数字 1 和 D3 格填数字 2,得到图 4 所示的情况。

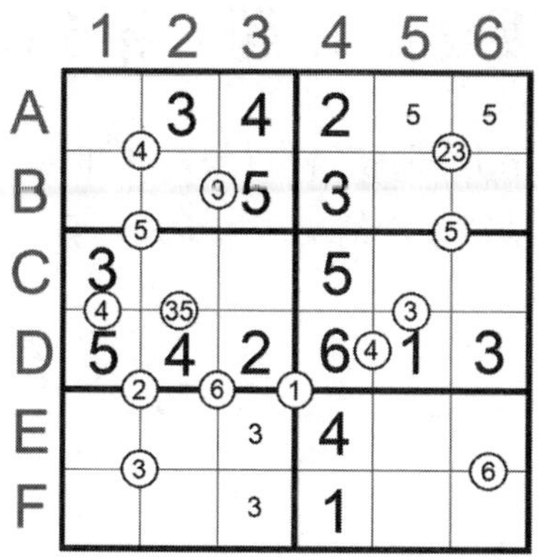

图4　六宫排除数独解析示意(四)

在图4中,观察3列的数字1线索,得到C3格填数字1。再利用五宫上方排除6的条件,将3列剩余两格进行定位,得到F3格填数字6和E3格填数字3。随后利用排除法再结合尚未使用过的排除提示条件,较容易将剩余空格全部填完,并得到本题的答案(图5)。

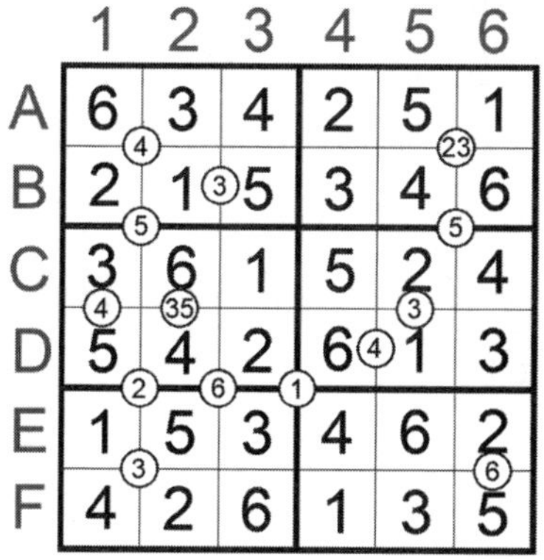

图5　六宫排除数独解析示意(五)

U12组决赛第12题　寻6数独解析

在空格内填入数字1—6，使得每行、每列和每宫的数字均不重复。箭头所在格内数字表示从该格到箭头所指方向上数字6的距离。

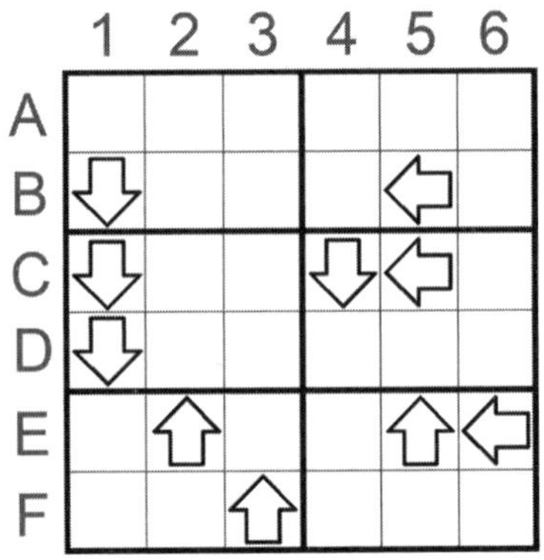

图1　寻6数独解析示意（一）

寻6数独是利用箭头条件结合距离概念作为推理条件的题型。题目中每个箭头表示前方有数字6，而箭头格内的数字表示从该格到达所指方向上数字6的距离。在数独中涉及距离概念通常将相邻两格定位距离为1，两格之前有一个空格则这两格距离为2，以此类推。这种题型开局是尽量将数字6进行定位，并标出箭头格内可能的数字，利用这些确定或者候选数条件进行综合推理（图1）。

本题开局可以先标出1列、B行和C行内数字6可能的位置，并标出所在区域内箭头中的候选数。发现C1格和C5格内的候选数都是2、3，形成数对线索。根据该条件则C4格不能再填入数字2、3，可以确定C4箭头格内只能填数字1，随后确定该箭头所指的数字6在下方距离数字1的D4格，如图2所示。

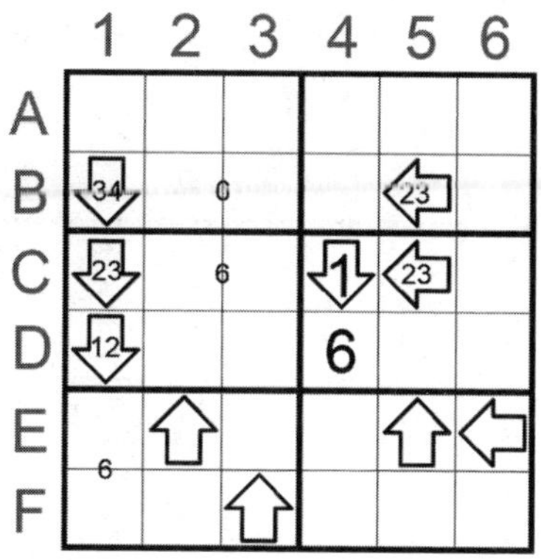

图2　寻6数独解析示意(二)

在图2中，由于B行和C行中的区块6都在2列和3列内，可以确定这四格含有两个数字6，只是位置暂时尚未确定。可以标出下方两个箭头内的候选数。再观察5列内的数字6位置的线索，由于刚才得到D4格是数字6，则5列下方箭头向上指向的数字6只能填在A5格内，同时根据距离条件得到箭头所在的E5格填入数字4。最后利用排除法得到六宫的数字6在F6格，如图3所示。

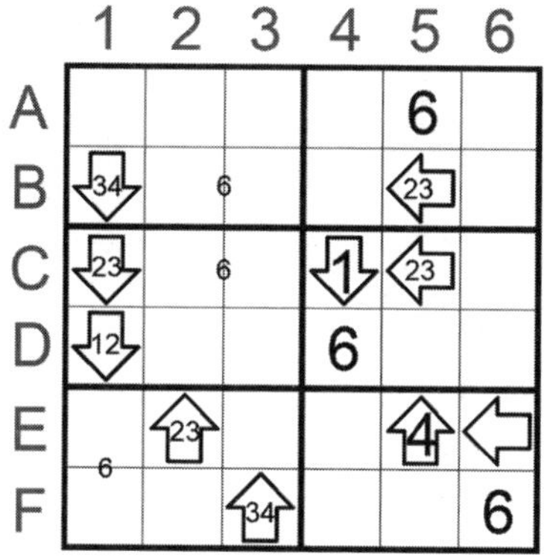

图3　寻6数独解析示意(三)

在图3中，可以利用上步得到F6格中的数字6对1列下方两格进行排除，得到E1格填数字6。随后确定上方三个箭头格内的数字，然后将5列内两个箭头中的数字2、3进行定位，再根据这两个箭头内的数字2、3将B行和C行内的数字6定位。此时可以将盘面中所有的数字6和箭头内的线索全部确定，如图4所示。

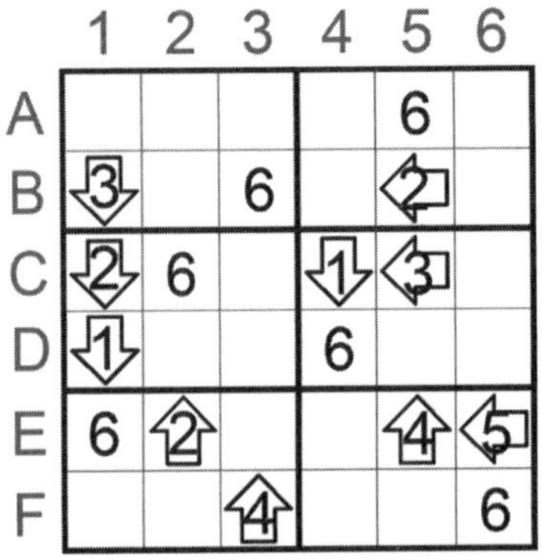

图4　寻6数独解析示意(四)

在图4中，由于所有寻6数独中的特殊条件全部用完，剩余空格可以根据排除法全部定位，得到本题答案(图5)。

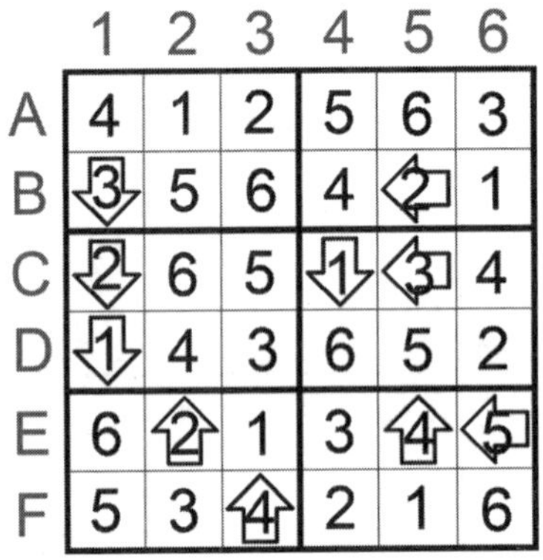

图5　寻6数独解析示意(五)

U18组决赛第10题　六宫堡垒数独解析

在空格内填入数字1—6，使得每行、每列和每个宫内的数字均不重复。盘面内灰色内的数字大于相邻白格内的数字。

图1　六宫堡垒数独解析(一)

堡垒数独是一种利用灰色格子表示大小关系的变形题型。题目前期条件较少，需要综合分析灰色格子的位置关系，找到某些宫或行列内最大和最小数字的确定位置或者区块线索，才能逐步顺利开局推理(图1)。

本题初始有最大的数字6，可以先尝试利用数字6进行排除，结合灰格线索找到可以确定的数字6或区块线索。利用排除法结合灰格线索，可以依次得到五宫、四宫、二宫、一宫和三宫内的数字6。再观察数字3的排除线索，先对六宫排除，灰格E5内不能填入数字3，得到E6格填数字3。同理，在二宫内得到A5格填数字3。在一宫内得到B3格填数字3，最后得到三宫内D2格填数字3，如图2所示。

图2 六宫堡垒数独解析(二)

在图2中,一宫灰格B2只能填入目前最大的数字5。此时题目遇到卡点,继续观察F行内数字5的线索。发现利用B2格的数字5排除掉F2格,F行剩余三格中的灰格内只能填入目前最大的数字5。随后利用排除法得到二宫的数字5,还可以确定六宫另一个灰格为数字4,如图3所示。

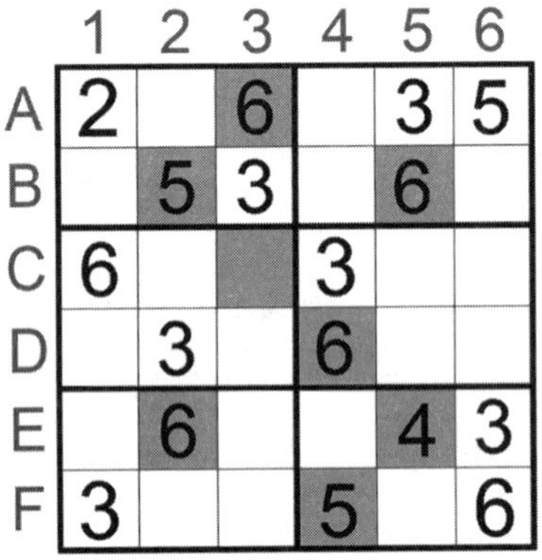

图3 六宫堡垒数独解析(三)

在图3中,观察数字5对四宫排除,由于D5格下方灰格为数字4,所有D5格不能填数字5,可以得到C5格填数字5,随后得到C3格只能填数字4。继续使用排除法可以将其他的数字4全部定位,如图4所示。

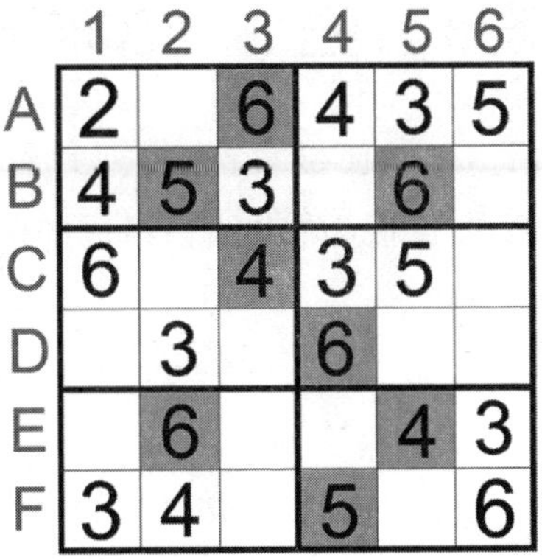

图4　六宫堡垒数独解析(四)

在图4中,三宫内的数字5不能出现在灰格C3数字4的周围,只能填在D1格内。后续空格可以利用排除法全部填完,得到本题答案(图5)。

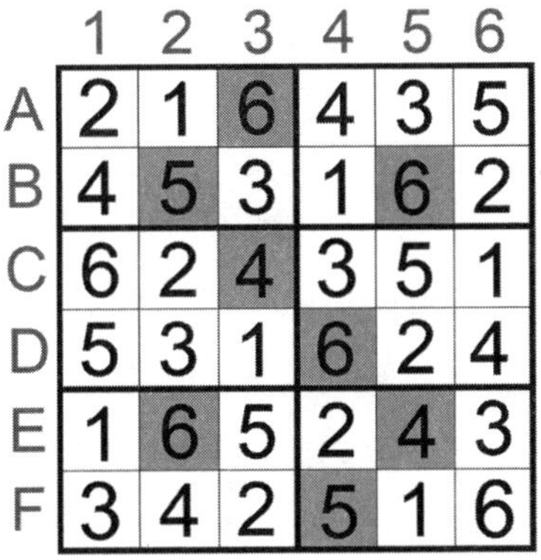

图5　六宫堡垒数独解析(五)

U18组决赛第11题　六宫倍数数独解析

在空格内填入数字1—6，使得每行、每列和每个宫内的数字均不重复。两个间标记提示数的上下或左右两格组成的两位数必须是提示数的倍数。

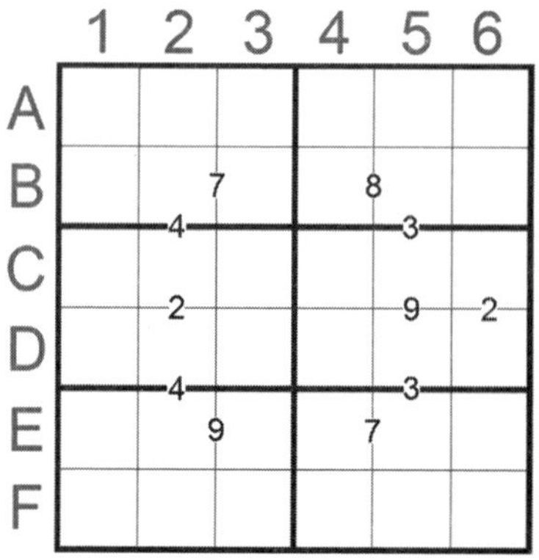

图1　六宫倍数数独解析示意(一)

倍数数独的提示数条件表示两侧格内组成的两位数是该提示数的倍数。该题型考察乘法运算和标记能力。本题开局线索比较隐蔽，需要对串联的提示数进行分析，寻找开局的突破口(图1)。

本题左侧提示数中间连续部分以偶数2、4为主，这里可以确定唯一性的难度较大。可以从右侧提示数入手，相比较而言提示数3对两侧数字的条件限制较多。先根据二宫的提示数8确定B5格内候选数一定为偶数，可以先标记数字2、4、6。再根据B5和C5中间的提示数3确定C5格内的提示数只能为数字2、4，且可以反向将B5格内的候选数6删除。再考虑C5格和D5格间的提示数9，可以确定此处不能出现倍数27，只能是倍数45。这样将题目进行开局，填出C5格为数字4和D5格为数字5，如图2所示。

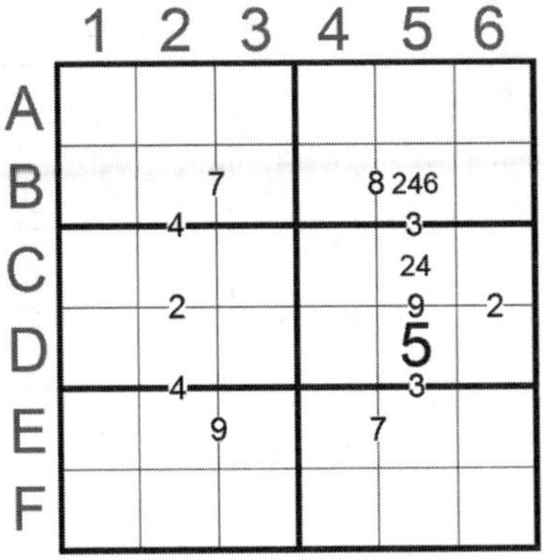

图2　六宫倍数数独解析示意(二)

在图2中,可以利用提示数将右侧提示数两侧格内数字依次确定。在得到B4格的数字3后,可以对四宫排除,得到C6格填数字3,如图3所示。

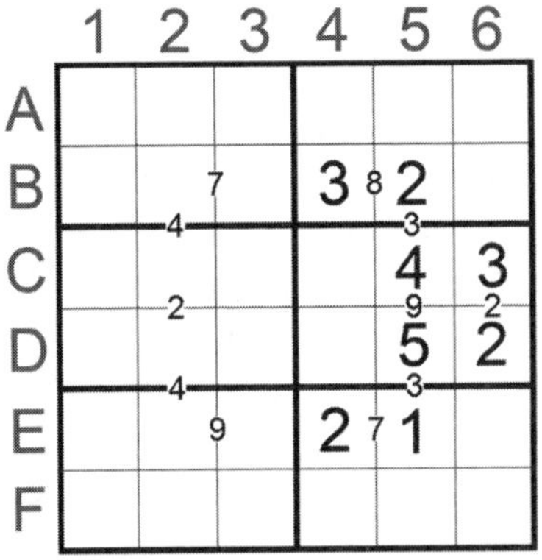

图3　六宫倍数数独解析示意(三)

在图3中,先观察D2格,由于上方提示数2,可以确定该格内为偶数,结合D2格的数字2,目前D2格只能是数字4或数字6。再考虑下方提示数4,如果D2格为数字4,无法形成倍数是4的两位数,因此确定D2格填数字6,随后得到E2格填数字4和E3格填数字5。再观察一宫的提示数7,可以判断B2和B3两格内有两种7的倍数的可能性14或56。继续观察B2格下方的提示数4,发现无论B2格填数字1还是数字5,C2格都只能填数字2,如图4所示。

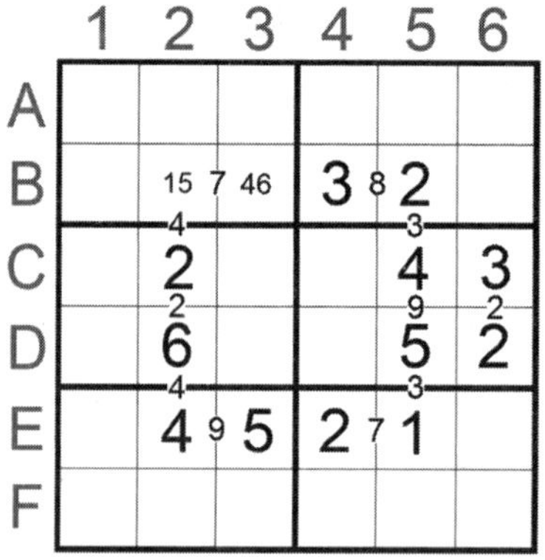

图4　六宫倍数数独解析示意(四)

在图4中,利用排除法可以依次得到六宫、五宫、三宫和一宫内的数字3。再利用数字5的排除法,得到三宫和一宫内的数字5。后续空格可以利用排除法全部定位,得到本题的答案(图5)。

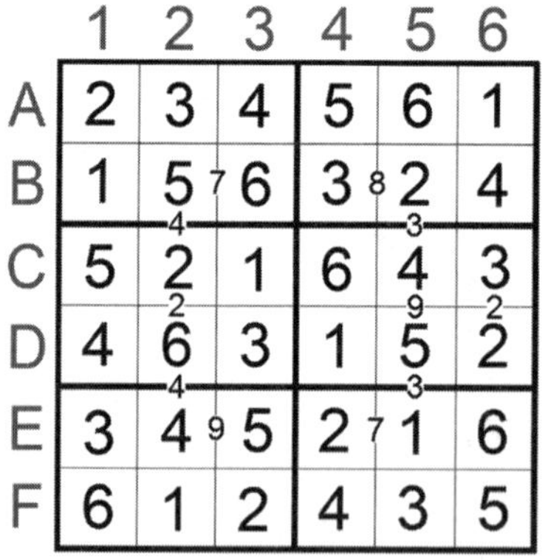

图5　六宫倍数数独解析示意(五)

U18组决赛第12题　六宫X和数独解析

在空格内填入数字1—6,使得每行、每列和每个宫内的数字均不重复。盘面外提示数表示该方向上前X个数字之和,X为对应第一格内的数字。

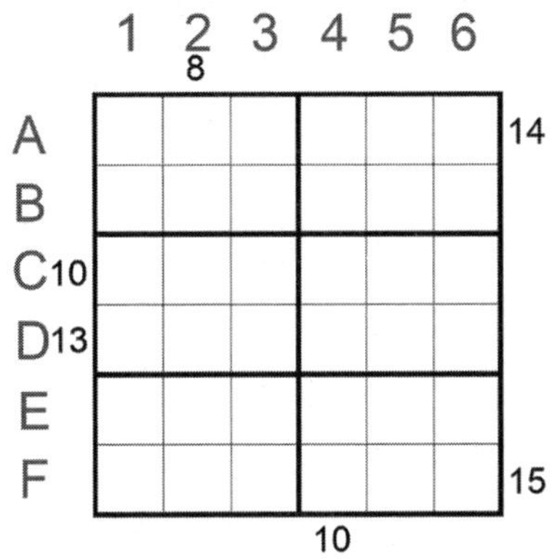

图1　六宫X和数独解析示意(一)

X和数独是一种根据盘外提示数推理对应位置第一格内数字和前几格数字之和的计算类变形数独。例如,提示数为A,如果确定对应的第一格数字为3,则表示前3格内数字之和为A。即根据盘面外的数字推理第一格内数字X和前X个格内数字之和这两个变量。初次接触X和数独,感觉提示数限制较少,变量太多不好推理判断。经过一定的总结归纳和练习之后,会发现X和的提示数其实可变化的情况并不多,尤其在六宫数独内,变化的情况则更少。只要对盘外数字逐一分析不难找到推理线索(图1)。

通常情况下X和数独盘外提示数较多,开局的思路可以从找盘外同一边上最大和最小的提示数开始,随后逐步推理其他对应第一格内的X数值。而本题盘外的提示数很少,盘面内也没有已知数。条件越少说明初始条件都是有用的线索,需要仔细逐一分析。本题开局时提示数没有可以确定第一格内X数值的条件,可以先对每个提示数对应第一格内X的可能性进行分析标记,如图2所示。

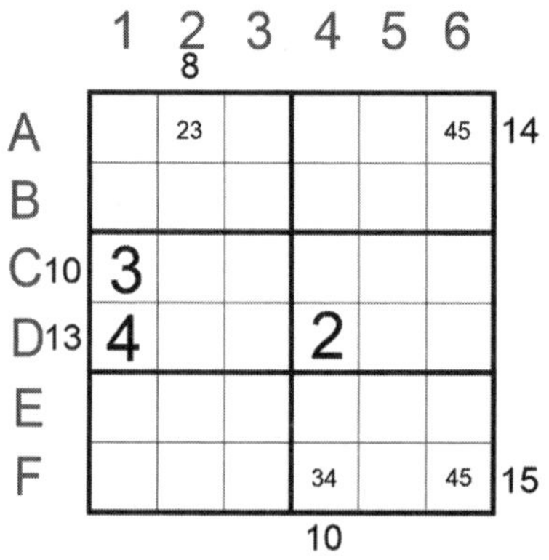

图2　六宫X和数独解析示意(二)

在图2中，根据6列数字4、5的位置和右侧提示数可以确定A6格不能填数字5，否则根据右侧提示数14得到A1格只能填数字7，出现了矛盾。那么可以确定A6格填数字4和F6格填数字5。随后根据F行右侧提示数15得到F1格填数字6。再分析C1和D1两格内数字3、4的位置，发现如果D3格填数字3，则D2和D3两格内只能为4、6数对，那么四宫的数字5必出现在C2或C3格内，又与C行右侧提示数矛盾。这样可以判断得到C1格填数字3和D1格填数字4。最后根据C行提示数10得知C2和C3两格之和为7，可以是1、6数对或2、5数对。由于两种可能性目前尚不能确定是哪一种，所以D2和D3两格也是1、6或2、5数对中的一种，再根据D行右侧提示数可以计算出第4格D4格内填数字2，如图3所示。

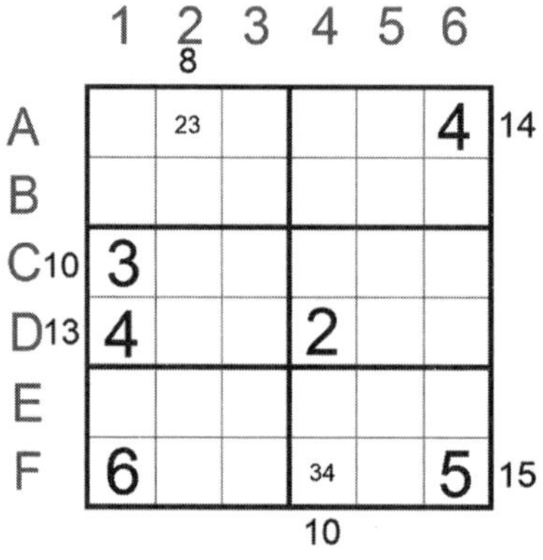

图3　六宫X和数独解析示意(三)

在图3中，如果F4格填数字3，那么根据4列下方提示数得到E4格只能填数字5，与F6格的数字5发生矛盾。所以可以确定F4格填数字4，根据下方提示数10，计算出C4和E4两格内为数字1和3，根据C1格的数字3将两格内数字排除定位，得到E4格填数字3和C4格填数字1。根据C4格的数字1，将三宫内的1、6数对和2、5数对定位，随后利用排除法将四宫其余空格全部确定，如图4所示。

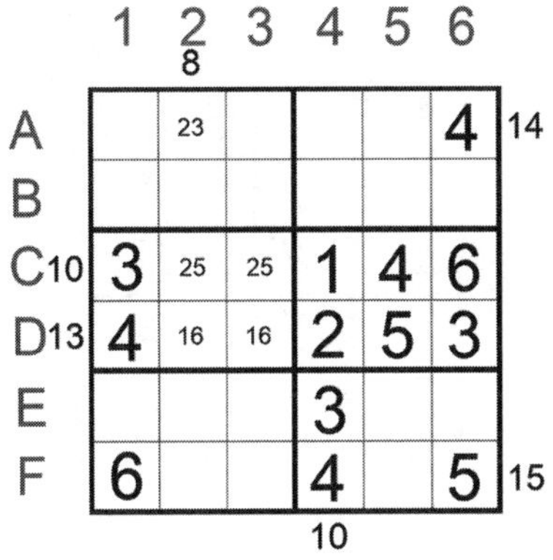

图4　六宫X和数独解析示意(四)

在图4中，根据A行右侧提示数14和A6格的数字4，得到A1和A2两格之和为7。如果A2格填数字3则A1格填数字4，与下方D1格的数字4矛盾。所以得到A2格填数字2，那么根据2列上方提示数可以得到B2格填数字6。此时盘外条件全部使用完毕，剩余空格可以利用排除法全部填完，得到本题答案(图5)。

		1	2	3	4	5	6	
			8					
A		5	2	3	6	1	4	14
B		1	6	4	5	3	2	
C	10	3	5	2	1	4	6	
D	13	4	1	6	2	5	3	
E		2	4	5	3	6	1	
F		6	3	1	4	2	5	15
					10			

图5　六宫X和数独解析示意(五)

第四章
答　案

U8组模拟试卷答案

第1轮

1	2	4	3
3	4	2	1
4	3	1	2
2	1	3	4

第1题答案

4	1	2	3
3	2	1	4
1	3	4	2
2	4	3	1

第2题答案

2	1	3	6	5	4
4	6	5	3	1	2
5	3	2	4	6	1
1	4	6	2	3	5
3	2	1	5	4	6
6	5	4	1	2	3

第3题答案

1	4	2	6	3	5
6	5	3	2	1	4
2	1	5	3	4	6
4	3	6	1	5	2
3	2	4	5	6	1
5	6	1	4	2	3

第4题答案

3	2	1	7	6	9	5	4	8
4	7	9	5	2	8	6	3	1
8	5	6	4	1	3	9	2	7
1	6	4	8	7	2	3	5	9
7	9	2	1	3	5	8	6	4
5	8	3	6	9	4	1	7	2
2	4	5	3	8	1	7	9	6
9	1	7	2	5	6	4	8	3
6	3	8	9	4	7	2	1	5

第5题答案

2	6	1	7	3	5	4	9	8
4	7	9	1	2	8	5	3	6
8	3	5	6	9	4	2	7	1
7	4	8	5	6	3	1	2	9
9	5	6	2	1	7	3	8	4
1	2	3	4	8	9	6	5	7
6	8	4	9	5	2	7	1	3
3	1	2	8	7	6	9	4	5
5	9	7	3	4	1	8	6	2

第6题答案

6	8	4	7	1	3	5	9	2
5	3	2	4	8	9	7	1	6
9	1	7	6	2	5	8	3	4
1	9	6	5	3	4	2	8	7
4	5	8	1	7	2	3	6	9
7	2	3	9	6	8	1	4	5
3	6	1	2	4	7	9	5	8
2	4	9	8	5	1	6	7	3
8	7	5	3	9	6	4	2	1

第7题答案

8	1	5	7	2	6	4	3	9
4	3	6	9	1	8	7	2	5
2	7	9	3	5	4	1	6	8
6	2	3	4	8	7	5	9	1
9	5	7	1	6	2	3	8	4
1	4	8	5	3	9	6	7	2
5	9	1	2	7	3	8	4	6
7	6	2	8	4	1	9	5	3
3	8	4	6	9	5	2	1	7

第8题答案

U8组模拟试卷答案

第2轮

5	4	1	3	2
1	3	2	4	5
3	2	5	1	4
4	5	3	2	1
2	1	4	5	3

第1题答案

5	2	1	3	4
4	1	2	5	3
3	4	5	1	2
1	3	4	2	5
2	5	3	4	1

第2题答案

4	1	3	2	5	6
2	6	5	1	4	3
6	5	2	3	1	4
3	4	1	5	6	2
1	2	6	4	3	5
5	3	4	6	2	1

第3题答案

6	5	4	2	1	3
2	3	1	5	6	4
4	6	5	1	3	2
3	1	2	4	5	6
1	4	6	3	2	5
5	2	3	6	4	1

第4题答案

6	3	2	5	1	4
1	4	5	2	6	3
4	2	6	3	5	1
3	5	1	4	2	6
2	1	3	6	4	5
5	6	4	1	3	2

第5题答案

1	2	3	6	5	4
5	6	4	2	1	3
2	3	6	1	4	5
4	1	5	3	2	6
3	5	2	4	6	1
6	4	1	5	3	2

第6题答案

U8组模拟试卷答案

第3轮

4	5	3	2	6	1
2	1	6	5	3	4
6	3	4	1	2	5
1	2	5	3	4	6
3	4	1	6	5	2
5	6	2	4	1	3

第1题答案

2	4	1	5	6	3
6	5	3	2	1	4
1	2	4	6	3	5
3	6	5	1	4	2
4	1	2	3	5	6
5	3	6	4	2	1

第2题答案

5	6	4	3	2	1
3	1	2	4	5	6
4	3	1	5	6	2
2	5	6	1	4	3
1	2	5	6	3	4
6	4	3	2	1	5

第3题答案

2	5	6	4	3	1
3	1	4	2	5	6
4	2	5	1	6	3
1	6	3	5	2	4
6	4	2	3	1	5
5	3	1	6	4	2

第4题答案

4	3	2	6	1	5
5	6	1	3	4	2
3	1	4	5	2	6
6	2	5	4	3	1
1	5	3	2	6	4
2	4	6	1	5	3

第5题答案

6	3	1	5	2	4
5	4	2	1	6	3
2	6	3	4	1	5
1	5	4	2	3	6
4	1	6	3	5	2
3	2	5	6	4	1

第6题答案

U10组模拟试卷答案

第1轮

6	4	1	2	3	5
2	5	3	6	4	1
1	6	4	5	2	3
5	3	2	4	1	6
4	1	5	3	6	2
3	2	6	1	5	4

第1题答案

5	4	1	6	2	3
3	6	2	4	5	1
1	5	4	3	6	2
2	3	6	5	1	4
6	1	3	2	4	5
4	2	5	1	3	6

第2题答案

2	1	5	3	6	4
3	4	6	5	2	1
5	6	1	2	4	3
4	2	3	6	1	5
1	5	2	4	3	6
6	3	4	1	5	2

第3题答案

5	4	2	1	3	6
1	6	3	2	5	4
3	2	6	4	1	5
4	1	5	3	6	2
6	3	4	5	2	1
2	5	1	6	4	3

第4题答案

1	4	6	7	5	8	9	2	3
8	5	7	2	9	3	4	1	6
9	3	2	1	4	6	5	8	7
4	2	8	6	7	1	3	5	9
7	1	3	9	2	5	6	4	8
6	9	5	8	3	4	1	7	2
5	7	1	3	6	2	8	9	4
2	6	4	5	8	9	7	3	1
3	8	9	4	1	7	2	6	5

第5题答案

6	5	8	3	1	9	2	7	4
4	3	7	8	2	5	6	1	9
1	2	9	4	6	7	5	3	8
7	9	3	6	4	1	8	2	5
8	4	1	5	7	2	3	9	6
5	6	2	9	8	3	1	4	7
2	1	4	7	5	6	9	8	3
9	8	5	1	3	4	7	6	2
3	7	6	2	9	8	4	5	1

第6题答案

8	9	2	3	7	4	1	6	5
3	1	7	2	6	5	9	8	4
6	5	4	8	9	1	3	7	2
7	6	3	1	5	8	2	4	9
5	2	8	9	4	7	6	3	1
1	4	9	6	3	2	8	5	7
2	7	6	5	1	3	4	9	8
4	3	1	7	8	9	5	2	6
9	8	5	4	2	6	7	1	3

第7题答案

7	3	9	5	2	1	6	4	8
2	6	8	7	9	4	5	1	3
4	1	5	8	3	6	9	7	2
9	5	4	6	8	2	1	3	7
1	8	6	3	5	7	2	9	4
3	7	2	4	1	9	8	5	6
5	2	7	1	4	8	3	6	9
6	9	1	2	7	3	4	8	5
8	4	3	9	6	5	7	2	1

第8题答案

U10组模拟试卷答案

第2轮

2	5	4	3	1	6
3	6	1	5	2	4
6	2	5	1	4	3
4	1	3	2	6	5
1	3	6	4	5	2
5	4	2	6	3	1

第1题答案

5	2	3	4	6	1
4	6	1	3	5	2
2	3	5	6	1	4
1	4	6	2	3	5
6	5	2	1	4	3
3	1	4	5	2	6

第2题答案

6	2	4	1	5	3
1	5	3	4	2	6
4	3	5	2	6	1
2	6	1	5	3	4
5	1	6	3	4	2
3	4	2	6	1	5

第3题答案

1	4	3	2	5	6
6	5	2	1	4	3
3	2	5	6	1	4
4	1	6	3	2	5
5	6	1	4	3	2
2	3	4	5	6	1

第4题答案

4	2	3	6	5	1
1	5	2	4	6	3
3	6	5	1	2	4
6	3	1	5	4	2
2	4	6	3	1	5
5	1	4	2	3	6

第5题答案

5	4	6	3	2	1
3	2	1	5	4	6
4	5	3	6	1	2
1	6	4	2	5	3
2	3	5	1	6	4
6	1	2	4	3	5

第6题答案

U10组模拟试卷答案

第3轮

2	3	4	1	6	5
1	6	5	4	2	3
4	5	6	2	3	1
3	2	1	6	5	4
5	4	2	3	1	6
6	1	3	5	4	2

第1题答案

3	6	2	5	1	4
4	5	1	6	3	2
1	2	3	4	5	6
6	4	5	1	2	3
2	1	6	3	4	5
5	3	4	2	6	1

第2题答案

6	2	3	5	4	1
5	4	1	3	6	2
1	3	5	4	2	6
4	6	2	1	3	5
3	1	6	2	5	4
2	5	4	6	1	3

第3题答案

5	6	3	2	4	1
4	1	2	5	6	3
3	5	4	1	2	6
1	2	6	3	5	4
6	3	5	4	1	2
2	4	1	6	3	5

第4题答案

4	3	6	5	2	1
5	2	1	4	6	3
6	5	3	1	4	2
1	4	2	6	3	5
3	6	5	2	1	4
2	1	4	3	5	6

第5题答案

5	6	3	4	1	2
1	4	2	5	3	6
4	1	6	3	2	5
3	2	5	1	6	4
2	3	4	6	5	1
6	5	1	2	4	3

第6题答案

U12组模拟试卷答案

第1轮

5	1	6	4	3	2
3	2	4	5	1	6
4	3	1	2	6	5
6	5	2	1	4	3
1	6	5	3	2	4
2	4	3	6	5	1

第1题答案

6	3	2	1	4	5
4	5	1	3	2	6
5	1	4	2	6	3
3	2	6	5	1	4
2	4	5	6	3	1
1	6	3	4	5	2

第2题答案

3	4	1	2	6	5
5	6	2	3	4	1
6	3	5	4	1	2
1	2	4	6	5	3
4	1	3	5	2	6
2	5	6	1	3	4

第3题答案

5	1	6	2	4	3
4	2	3	5	1	6
6	3	4	1	5	2
1	5	2	6	3	4
2	4	1	3	6	5
3	6	5	4	2	1

第4题答案

9	4	2	3	6	1	5	7	8
5	7	1	9	8	2	3	6	4
8	6	3	5	7	4	9	2	1
3	9	4	6	2	8	1	5	7
2	5	6	1	3	7	4	8	9
1	8	7	4	5	9	2	3	6
6	2	9	7	1	5	8	4	3
7	1	5	8	4	3	6	9	2
4	3	8	2	9	6	7	1	5

第5题答案

3	7	1	2	8	5	4	9	6
6	5	4	7	9	1	3	2	8
9	8	2	6	4	3	5	7	1
8	6	3	5	2	4	7	1	9
4	2	7	8	1	9	6	3	5
5	1	9	3	7	6	2	8	4
1	9	6	4	3	2	8	5	7
2	4	8	9	5	7	1	6	3
7	3	5	1	6	8	9	4	2

第6题答案

8	2	4	5	3	6	7	9	1
1	5	7	9	8	4	2	6	3
3	6	9	1	7	2	8	4	5
6	1	5	3	4	7	9	2	8
4	9	3	2	1	8	6	5	7
7	8	2	6	5	9	1	3	4
2	3	8	7	9	5	4	1	6
5	4	6	8	2	1	3	7	9
9	7	1	4	6	3	5	8	2

第7题答案

2	3	9	8	7	5	4	6	1
8	6	4	3	1	2	5	9	7
7	5	1	4	6	9	2	8	3
4	9	3	1	2	7	8	5	6
6	7	8	5	3	4	9	1	2
1	2	5	9	8	6	3	7	4
3	1	2	7	5	8	6	4	9
9	8	6	2	4	1	7	3	5
5	4	7	6	9	3	1	2	8

第8题答案

U12组模拟试卷答案

第2轮

	4	3	1	3	2	2	
3	1	2	6	4	5	3	3
3	3	5	4	1	2	6	1
2	5	4	1	3	6	2	2
2	2	6	3	5	4	1	4
1	6	3	5	2	1	4	3
2	4	1	2	6	3	5	2
	2	3	3	1	3	2	

第1题答案

	3	4	2	1	4	2	
3	3	1	4	6	2	5	2
2	5	2	6	3	1	4	2
3	4	5	2	1	3	6	1
1	6	3	1	4	5	2	3
2	2	6	3	5	4	1	4
4	1	4	5	2	6	3	2
	3	2	2	3	1	2	

第2题答案

6	4	5	2	1	3
2	1	3	5	6	4
3	5	4	1	2	6
1	6	2	4	3	5
5	2	6	3	4	1
4	3	1	6	5	2

第3题答案

4	5	3	1	6	2
6	2	1	3	4	5
5	6	2	4	3	1
3	1	4	2	5	6
2	3	5	6	1	4
1	4	6	5	2	3

第4题答案

8	1	5	3	6	9	4	7	2
2	9	3	7	4	8	6	1	5
6	7	4	1	5	2	9	8	3
9	4	1	8	2	5	3	6	7
5	8	7	6	3	4	1	2	9
3	6	2	9	1	7	8	5	4
4	3	8	5	7	6	2	9	1
1	5	6	2	9	3	7	4	8
7	2	9	4	8	1	5	3	6

第5题答案

8	1	2	9	3	6	4	5	7
5	6	4	1	2	7	9	8	3
9	7	3	8	4	5	6	1	2
1	2	9	3	5	4	7	6	8
4	3	5	7	6	8	1	2	9
7	8	6	2	1	9	5	3	4
3	9	1	5	7	2	8	4	6
2	4	7	6	8	1	3	9	5
6	5	8	4	9	3	2	7	1

第6题答案

U12组模拟试卷答案

第3轮

4	3	2	5	6	1
1	6	5	3	2	4
5	2	1	6	4	3
6	4	3	2	1	5
3	1	6	4	5	2
2	5	4	1	3	6

第1题答案

4	2	6	5	1	3
5	1	3	4	2	6
2	6	1	3	5	4
3	5	4	2	6	1
6	4	2	1	3	5
1	3	5	6	4	2

第2题答案

3	1	6	5	2	4
4	5	2	1	6	3
1	2	3	4	5	6
5	6	4	2	3	1
6	4	5	3	1	2
2	3	1	6	4	5

第3题答案

1	2	4	6	5	3
6	3	5	4	1	2
4	1	3	2	6	5
5	6	2	3	4	1
3	4	1	5	2	6
2	5	6	1	3	4

第4题答案

3	8	9	2	7	6	5	1	4
1	2	7	5	4	9	6	3	8
4	6	5	8	3	1	7	2	9
2	4	3	7	6	8	1	9	5
5	7	8	9	1	4	3	6	2
6	9	1	3	2	5	8	4	7
7	5	6	1	9	2	4	8	3
8	1	2	4	5	3	9	7	6
9	3	4	6	8	7	2	5	1

第5题答案

9	8	7	1	3	4	2	6	5
5	3	4	2	8	6	1	9	7
6	1	2	9	5	7	8	3	4
2	4	6	5	9	8	7	1	3
1	5	8	4	7	3	6	2	9
3	7	9	6	2	1	5	4	8
7	2	1	8	4	9	3	5	6
4	6	3	7	1	5	9	8	2
8	9	5	3	6	2	4	7	1

第6题答案

U18组模拟试卷答案

第1轮

4	2	7	9	8	1	6	3	5
1	9	5	7	6	3	8	4	2
8	6	3	2	5	4	9	7	1
5	4	6	8	7	2	3	1	9
2	8	9	3	1	5	4	6	7
3	7	1	6	4	9	2	5	8
9	5	8	4	3	7	1	2	6
7	3	2	1	9	6	5	8	4
6	1	4	5	2	8	7	9	3

第1题答案

9	2	5	3	4	6	1	7	8
8	3	7	2	9	1	6	4	5
4	1	6	8	5	7	2	3	9
2	4	8	6	1	3	9	5	7
6	7	9	4	2	5	8	1	3
1	5	3	7	8	9	4	6	2
7	9	2	1	3	4	5	8	6
3	8	1	5	6	2	7	9	4
5	6	4	9	7	8	3	2	1

第2题答案

4	9	6	7	1	3	2	8	5
5	3	1	8	9	2	4	6	7
7	2	8	4	5	6	9	3	1
9	8	4	1	7	5	6	2	3
1	7	2	6	3	8	5	4	9
3	6	5	2	4	9	1	7	8
6	5	7	3	2	1	8	9	4
8	4	9	5	6	7	3	1	2
2	1	3	9	8	4	7	5	6

第3题答案

9	6	4	3	8	7	1	2	5
3	2	5	9	1	4	6	7	8
1	8	7	5	6	2	4	3	9
5	4	2	1	3	8	9	6	7
6	3	8	2	7	9	5	1	4
7	9	1	6	4	5	3	8	2
4	1	9	8	2	3	7	5	6
8	5	6	7	9	1	2	4	3
2	7	3	4	5	6	8	9	1

第4题答案

5	4	3	7	8	6	2	9	1
6	9	7	2	1	3	5	8	4
1	8	2	9	5	4	6	3	7
3	1	9	6	2	8	4	7	5
7	6	4	5	3	1	9	2	8
2	5	8	4	7	9	3	1	6
4	7	6	8	9	2	1	5	3
9	3	5	1	4	7	8	6	2
8	2	1	3	6	5	7	4	9

第5题答案

1	8	9	6	3	2	7	4	5
3	4	6	5	7	1	8	2	9
7	2	5	4	9	8	3	1	6
8	5	3	9	2	7	1	6	4
2	9	1	3	6	4	5	8	7
4	6	7	8	1	5	2	9	3
5	3	2	1	4	9	6	7	8
9	7	8	2	5	6	4	3	1
6	1	4	7	8	3	9	5	2

第6题答案

U18组模拟试卷答案

第2轮

		6	7	12	9		
	6	4	5	1	3	2	
15	3	2	1	6	4	5	2
12	5	6	2	3	1	4	8
5	1	3	4	5	2	6	9
2	4	5	3	2	6	1	18
	2	1	6	4	5	3	
		14	16	6	3		

第1题答案

		2	4	10			
	2	1	4	3	5	6	
	3	5	6	2	4	1	6
9	1	6	5	4	3	2	6
9	4	2	3	1	6	5	9
5	6	4	2	5	1	3	
	5	3	1	6	2	4	
			12	5	4		

第2题答案

7	8	1	4	6	5	2	3	9
9	4	3	8	2	7	6	5	1
5	2	6	1	9	3	8	7	4
1	6	5	2	7	4	3	9	8
8	3	4	6	5	9	7	1	2
2	9	7	3	1	8	4	6	5
6	7	8	5	4	1	9	2	3
4	5	2	9	3	6	1	8	7
3	1	9	7	8	2	5	4	6

第3题答案

6	9	1	5	4	7	2	3	8
2	5	8	6	9	3	4	1	7
3	4	7	1	2	8	5	9	6
9	7	3	4	8	1	6	5	2
8	1	4	2	6	5	9	7	3
5	2	6	3	7	9	1	8	4
7	6	5	9	3	4	8	2	1
4	3	9	8	1	2	7	6	5
1	8	2	7	5	6	3	4	9

第4题答案

7	9	3	4	6	1	8	2	5
2	1	8	7	3	5	4	9	6
4	5	6	9	8	2	1	3	7
5	3	4	2	1	7	6	8	9
1	8	2	5	9	6	7	4	3
9	6	7	3	4	8	5	1	2
3	2	5	8	7	4	9	6	1
6	4	9	1	5	3	2	7	8
8	7	1	6	2	9	3	5	4

第5题答案

7	5	3	2	9	6	8	4	1
2	9	8	1	4	3	5	7	6
1	4	6	7	5	8	9	2	3
9	3	2	5	8	4	6	1	7
8	1	4	9	6	7	2	3	5
6	7	5	3	2	1	4	8	9
3	2	9	4	1	5	7	6	8
5	8	1	6	7	2	3	9	4
4	6	7	8	3	9	1	5	2

第6题答案

U18组模拟试卷答案

第3轮

8	7	9	2	5	6	1	4	3
1	4	6	9	3	7	2	8	5
3	2	5	8	1	4	9	6	7
5	9	3	6	2	1	4	7	8
2	8	4	3	7	5	6	1	9
7	6	1	4	8	9	5	3	2
4	1	2	7	9	8	3	5	6
9	5	8	1	6	3	7	2	4
6	3	7	5	4	2	8	9	1

第1题答案

5	6	8	2	3	7	1	4	9
1	2	4	8	5	9	7	3	6
7	9	3	1	4	6	8	2	5
6	4	5	9	8	2	3	1	7
8	1	9	5	7	3	4	6	2
2	3	7	6	1	4	5	9	8
9	7	1	4	2	8	6	5	3
3	5	6	7	9	1	2	8	4
4	8	2	3	6	5	9	7	1

第2题答案

	7 1	5	8 3	5 9	8		9 3	2 8	1	
5 3	1	5	3	9	7	2	6	8	4	8 4
6 2	6	2	4	3	8	1	9	7	5	7
8	7	9	8	5	4	6	3	2	1	
4 1	4	1	7	2	9	8	5	3	6	5 3
6	9	6	5	4	3	7	8	1	2	1
8 2	3	8	2	6	1	5	7	4	9	9 7
	8	7	9	1	5	4	2	6	3	2
1	2	3	1	7	6	9	4	5	8	5 8
4 6	5	4	6	8	2	3	1	9	7	7 1
	2	3 4	9 1		6	3 4	2 4	6	7 3	

第3题答案

	5	2	3 9	9 6	7 1		7 2	1 8	6	
8 4	3	7	5	4	9	8	2	6	1	5
9 5	9	1	6	7	2	3	4	8	5	2
1 6	8	4	2	1	5	6	7	9	3	
8	7	5	3	9	6	2	8	1	4	7 1
3 6	6	8	1	5	4	7	3	2	9	5 4
1 5	4	2	9	8	3	1	5	7	6	6
	5	3	7	6	8	9	1	4	2	2 5
3	1	9	4	2	7	5	6	3	8	7 8
7	2	6	8	3	1	4	9	5	7	6 9
	1	3 5	4 8		9 2	3 4	8 1	3	7	

第4题答案

	20	42	19	13		32	35	6	1	
29	5	8	4	3	9	7	6	2	1	1
9	2	7	6	8	1	5	3	4	9	45
13	3	9	1	2	4	6	7	8	5	30
1	1	4	8	6	3	2	9	5	7	40
	9	5	3	4	7	8	2	1	6	
30	6	2	7	9	5	1	8	3	4	16
43	8	1	9	5	6	3	4	7	2	9
33	7	6	2	1	8	4	5	9	3	17
19	4	3	5	7	2	9	1	6	8	41
	25	10	26	34		45	1	31	44	

第5题答案

		33	3	39	1	28	16	45		
	7	6	2	8	1	5	4	9	3	
8	3	4	1	2	6	9	5	8	7	38
43	8	5	9	3	4	7	1	6	2	8
11	2	9	3	4	8	1	6	7	5	27
17	4	1	7	5	9	6	2	3	8	41
28	5	8	6	7	2	3	9	1	4	17
34	6	3	5	9	7	4	8	2	1	1
45	9	2	4	1	3	8	7	5	6	30
	1	7	8	6	5	2	3	4	9	
		35	43	32	26	10	18	12		

第6题答案

2021全国青少年数独锦标赛初赛赛题答案

U8组　第1轮

4	2	1	3
3	1	4	2
1	3	2	4
2	4	3	1

第1题答案

1	3	4	2
2	4	1	3
3	1	2	4
4	2	3	1

第2题答案

1	2	4	6	5	3
6	5	3	2	1	4
5	6	1	3	4	2
4	3	2	1	6	5
3	1	5	4	2	6
2	4	6	5	3	1

第3题答案

2	5	1	3	6	4
3	6	4	2	5	1
4	2	3	5	1	6
5	1	6	4	3	2
6	3	2	1	4	5
1	4	5	6	2	3

第4题答案

7	3	9	5	6	4	8	1	2
5	4	6	1	8	2	9	7	3
8	1	2	9	7	3	5	4	6
2	8	5	6	9	7	4	3	1
3	6	1	8	4	5	2	9	7
4	9	7	3	2	1	6	8	5
1	2	4	7	5	8	3	6	9
9	5	3	4	1	6	7	2	8
6	7	8	2	3	9	1	5	4

第5题答案

9	3	4	2	5	8	7	6	1
2	7	6	3	4	1	9	8	5
1	8	5	6	7	9	2	3	4
8	2	9	7	1	4	6	5	3
7	4	3	9	6	5	1	2	8
5	6	1	8	2	3	4	7	9
6	1	8	4	3	2	5	9	7
3	5	7	1	9	6	8	4	2
4	9	2	5	8	7	3	1	6

第6题答案

8	9	4	1	2	7	6	5	3
7	6	2	8	5	3	4	1	9
5	3	1	9	6	4	7	2	8
3	5	9	4	7	6	1	8	2
1	8	6	2	3	9	5	4	7
4	2	7	5	8	1	3	9	6
9	4	3	7	1	2	8	6	5
2	7	5	6	4	8	9	3	1
6	1	8	3	9	5	2	7	4

第7题答案

7	6	2	3	4	5	1	8	9
1	9	4	7	2	8	5	3	6
3	5	8	1	9	6	2	7	4
4	7	6	5	8	2	9	1	3
2	8	5	9	1	3	6	4	7
9	3	1	4	6	7	8	5	2
5	2	7	8	3	9	4	6	1
8	1	9	6	7	4	3	2	5
6	4	3	2	5	1	7	9	8

第8题答案

2021全国青少年数独锦标赛初赛赛题答案

U8组　第2轮

4	1	3	5	2
1	3	4	2	5
2	4	5	3	1
3	5	2	1	4
5	2	1	4	3

第1题答案

2	3	4	5	1
1	4	5	2	3
3	5	2	1	4
4	2	1	3	5
5	1	3	4	2

第2题答案

2	3	5	4	1
1	2	3	5	4
4	1	2	3	5
5	4	1	2	3
3	5	4	1	2

第3题答案

5	4	6	1	2	3
1	3	2	4	5	6
3	2	1	6	4	5
6	5	4	2	3	1
4	1	5	3	6	2
2	6	3	5	1	4

第4题答案

5	2	6	1	4	3
3	4	1	6	2	5
6	3	2	4	5	1
4	1	5	3	6	2
2	6	3	5	1	4
1	5	4	2	3	6

第5题答案

2	6	4	5	1	3
5	3	1	4	6	2
4	1	6	2	3	5
3	2	5	1	4	6
6	4	2	3	5	1
1	5	3	6	2	4

第6题答案

2	3	5	1	4	6
1	4	6	2	5	3
5	6	2	4	3	1
4	1	3	6	2	5
6	5	4	3	1	2
3	2	1	5	6	4

第7题答案

5	3	1	2	4	6
6	2	4	5	3	1
1	5	2	4	6	3
4	6	3	1	2	5
3	4	5	6	1	2
2	1	6	3	5	4

第8题答案

6	1	5	3	2	4
3	2	4	1	6	5
1	6	3	5	4	2
5	4	2	6	1	3
4	3	1	2	5	6
2	5	6	4	3	1

第9题答案

3	5	4	6	1	2
6	1	2	5	4	3
2	4	3	1	5	6
5	6	1	2	3	4
1	3	6	4	2	5
4	2	5	3	6	1

第10题答案

22021全国青少年数独锦标赛初赛赛题答案

U10组　第1轮

1	5	6	2	3	4
2	4	3	6	1	5
5	1	2	4	6	3
3	6	4	5	2	1
4	2	1	3	5	6
6	3	5	1	4	2

第1题答案

3	1	6	4	5	2
5	2	4	3	1	6
6	4	5	1	2	3
2	3	1	6	4	5
4	6	2	5	3	1
1	5	3	2	6	4

第2题答案

1	2	4	3	6	5
5	3	6	1	2	4
2	6	3	5	4	1
4	5	1	6	3	2
6	4	5	2	1	3
3	1	2	4	5	6

第3题答案

5	2	1	6	3	4
4	3	6	2	1	5
1	4	2	3	5	6
6	5	3	1	4	2
3	6	5	4	2	1
2	1	4	5	6	3

第4题答案

6	7	9	2	5	8	3	1	4
4	5	2	9	3	1	8	6	7
1	8	3	4	7	6	9	5	2
3	1	4	7	9	2	5	8	6
7	9	5	8	6	4	2	3	1
2	6	8	5	1	3	4	7	9
9	2	1	3	8	7	6	4	5
8	4	7	6	2	5	1	9	3
5	3	6	1	4	9	7	2	8

第5题答案

6	3	7	8	4	5	1	9	2
8	9	2	1	7	6	3	5	4
4	5	1	9	3	2	7	8	6
7	6	5	2	8	9	4	3	1
9	4	3	7	5	1	6	2	8
1	2	8	3	6	4	9	7	5
2	7	6	5	1	3	8	4	9
5	8	4	6	9	7	2	1	3
3	1	9	4	2	8	5	6	7

第6题答案

9	8	5	3	4	6	1	7	2
1	3	6	2	5	7	4	9	8
2	4	7	8	9	1	5	6	3
8	5	1	4	3	9	7	2	6
6	2	3	7	1	8	9	4	5
4	7	9	6	2	5	3	8	1
5	1	4	9	8	2	6	3	7
7	9	8	5	6	3	2	1	4
3	6	2	1	7	4	8	5	9

第7题答案

4	9	2	7	8	5	1	3	6
1	3	5	9	6	2	8	4	7
8	6	7	1	3	4	2	5	9
6	2	8	5	1	7	4	9	3
3	5	9	8	4	6	7	1	2
7	1	4	2	9	3	5	6	8
2	8	6	4	5	9	3	7	1
9	4	1	3	7	8	6	2	5
5	7	3	6	2	1	9	8	4

第8题答案

2021全国青少年数独锦标赛初赛赛题答案

U10组　第2轮

5	6	2	3	4	1
2	3	5	6	1	4
3	1	4	2	6	5
6	5	1	4	3	2
1	4	6	5	2	3
4	2	3	1	5	6

第1题答案

5	2	1	6	3	4
4	6	2	3	1	5
1	3	5	4	2	6
2	1	6	5	4	3
6	4	3	2	5	1
3	5	4	1	6	2

第2题答案

6	3	1	5	4	2
2	4	5	3	1	6
4	5	6	2	3	1
1	2	3	4	6	5
5	1	4	6	2	3
3	6	2	1	5	4

第3题答案

5	1	6	3	2	4
2	4	3	5	6	1
4	3	1	2	5	6
6	2	5	4	1	3
3	6	2	1	4	5
1	5	4	6	3	2

第4题答案

3	2	4	1	5	6
1	6	5	3	4	2
6	4	1	5	2	3
5	3	2	6	1	4
2	5	3	4	6	1
4	1	6	2	3	5

第5题答案

4	1	3	2	6	5
2	6	5	3	1	4
5	3	6	1	4	2
1	2	4	6	5	3
6	5	2	4	3	1
3	4	1	5	2	6

第6题答案

5	2	6	3	4	1
4	1	3	5	6	2
6	5	2	4	1	3
3	4	1	6	2	5
2	6	5	1	3	4
1	3	4	2	5	6

第7题答案

6	3	2	5	1	4
4	5	1	6	3	2
3	4	6	2	5	1
1	2	5	3	4	6
2	1	3	4	6	5
5	6	4	1	2	3

第8题答案

8	9	3	1	4	2	7	6	5
5	6	2	9	8	7	1	3	4
1	4	7	6	3	5	8	9	2
2	3	1	4	5	6	9	8	7
4	7	9	8	1	3	5	2	6
6	5	8	7	2	9	3	4	1
3	1	4	5	6	8	2	7	9
7	2	6	3	9	1	4	5	8
9	8	5	2	7	4	6	1	3

第9题答案

7	8	4	3	9	6	1	2	5
6	2	3	7	5	1	4	9	8
1	9	5	8	4	2	3	7	6
5	1	7	2	3	9	6	8	4
9	4	6	5	7	8	2	1	3
2	3	8	1	6	4	7	5	9
4	5	1	6	8	7	9	3	2
8	7	9	4	2	3	5	6	1
3	6	2	9	1	5	8	4	7

第10题答案

2021全国青少年数独锦标赛初赛赛题答案

U12组　第1轮

4	3	2	5	1	6
5	1	6	2	3	4
3	6	1	4	5	2
2	4	5	3	6	1
6	5	4	1	2	3
1	2	3	6	4	5

第1题答案

5	1	3	4	2	6
4	6	2	1	5	3
2	4	1	6	3	5
6	3	5	2	1	4
1	5	6	3	4	2
3	2	4	5	6	1

第2题答案

6	3	2	5	4	1
5	1	4	3	2	6
4	2	6	1	5	3
1	5	3	2	6	4
2	6	1	4	3	5
3	4	5	6	1	2

第3题答案

6	4	2	3	5	1
5	3	1	4	2	6
3	5	4	1	6	2
2	1	6	5	4	3
1	6	5	2	3	4
4	2	3	6	1	5

第4题答案

4	5	9	7	2	6	1	3	8
6	2	1	8	4	3	9	7	5
7	3	8	1	5	9	4	2	6
1	6	3	5	7	8	2	9	4
9	4	5	6	1	2	7	8	3
2	8	7	9	3	4	6	5	1
3	1	6	2	9	5	8	4	7
8	9	4	3	6	7	5	1	2
5	7	2	4	8	1	3	6	9

第5题答案

4	1	8	5	7	9	3	6	2
9	6	7	3	1	2	8	4	5
2	3	5	6	4	8	1	9	7
6	9	1	4	8	7	2	5	3
3	8	4	9	2	5	7	1	6
5	7	2	1	6	3	4	8	9
7	2	6	8	5	4	9	3	1
1	4	9	2	3	6	5	7	8
8	5	3	7	9	1	6	2	4

第6题答案

7	9	4	3	1	8	2	5	6
1	5	8	6	2	7	4	3	9
2	6	3	5	9	4	7	1	8
4	7	2	9	8	5	1	6	3
8	3	5	7	6	1	9	4	2
6	1	9	2	4	3	8	7	5
3	8	6	4	7	9	5	2	1
5	4	1	8	3	2	6	9	7
9	2	7	1	5	6	3	8	4

第7题答案

2	1	3	4	8	7	6	9	5
4	8	9	5	6	3	1	7	2
6	5	7	1	2	9	4	8	3
1	4	8	3	5	2	7	6	9
3	9	6	7	4	8	5	2	1
5	7	2	6	9	1	8	3	4
7	6	1	2	3	4	9	5	8
9	3	5	8	1	6	2	4	7
8	2	4	9	7	5	3	1	6

第8题答案

2021全国青少年数独锦标赛初赛赛题答案

U12组　第2轮

3	5	2	4	1	6
4	1	6	3	5	2
6	3	1	5	2	4
2	4	5	1	6	3
5	2	3	6	4	1
1	6	4	2	3	5

第1题答案

5	1	6	2	4	3
2	3	4	6	5	1
6	5	3	4	1	2
4	2	1	5	3	6
1	6	5	3	2	4
3	4	2	1	6	5

第2题答案

5	3	2	4	6	1
6	4	1	3	5	2
3	1	5	6	2	4
4	2	6	1	3	5
1	5	3	2	4	6
2	6	4	5	1	3

第3题答案

3	5	6	2	4	1
1	4	2	5	3	6
4	3	1	6	2	5
2	6	5	4	1	3
5	2	3	1	6	4
6	1	4	3	5	2

第4题答案

6	2	5	3	4	1
1	4	3	2	6	5
4	3	6	1	5	2
2	5	1	4	3	6
3	6	2	5	1	4
5	1	4	6	2	3

第5题答案

3	5	1	2	4	6
2	6	4	5	3	1
5	1	3	4	6	2
4	2	6	3	1	5
6	4	5	1	2	3
1	3	2	6	5	4

第6题答案

7	4	1	6	2	3	5
5	3	2	1	4	7	6
3	1	6	2	5	4	7
2	6	4	7	1	5	3
4	7	5	3	6	1	2
6	5	3	4	7	2	1
1	2	7	5	3	6	4

第7题答案

1	6	8	4	9	2	7	5	3
3	4	7	5	1	6	8	9	2
5	9	2	3	8	7	1	4	6
2	3	9	8	5	4	6	7	1
8	5	6	1	7	3	9	2	4
7	1	4	2	6	9	5	3	8
9	2	5	6	4	8	3	1	7
4	8	1	7	3	5	2	6	9
6	7	3	9	2	1	4	8	5

第8题答案

2	7	8	5	1	9	4	3	6
4	5	1	6	8	3	7	2	9
9	6	3	2	7	4	8	1	5
1	9	5	4	2	8	6	7	3
7	4	2	1	3	6	5	9	8
3	8	6	7	9	5	1	4	2
6	1	9	8	4	2	3	5	7
5	2	4	3	6	7	9	8	1
8	3	7	9	5	1	2	6	4

第9题答案

4	6	8	9	3	7	1	5	2
1	9	3	5	8	2	4	7	6
5	2	7	4	1	6	9	8	3
6	8	4	1	2	3	5	9	7
9	3	1	8	7	5	6	2	4
7	5	2	6	9	4	8	3	1
8	7	9	2	4	1	3	6	5
3	1	5	7	6	9	2	4	8
2	4	6	3	5	8	7	1	9

第10题答案

2021全国青少年数独锦标赛初赛赛题答案

U18组　第1轮

3	5	6	2	4	1
2	4	1	6	3	5
6	3	4	5	1	2
5	1	2	3	6	4
1	2	3	4	5	6
4	6	5	1	2	3

第1题答案

5	6	1	4	2	3
3	4	2	5	6	1
6	3	5	2	1	4
2	1	4	3	5	6
4	5	6	1	3	2
1	2	3	6	4	5

第2题答案

3	2	1	5	6	4
4	5	6	2	3	1
2	6	4	1	5	3
1	3	5	4	2	6
6	1	2	3	4	5
5	4	3	6	1	2

第3题答案

3	1	6	2	4	5
4	2	5	3	1	6
5	4	3	6	2	1
1	6	2	5	3	4
6	3	1	4	5	2
2	5	4	1	6	3

第4题答案

3	2	8	5	1	4	7	9	6
6	7	1	3	2	9	4	5	8
4	9	5	8	7	6	2	1	3
2	8	3	9	5	7	6	4	1
9	6	7	4	3	1	8	2	5
1	5	4	2	6	8	3	7	9
8	1	2	7	9	3	5	6	4
7	3	9	6	4	5	1	8	2
5	4	6	1	8	2	9	3	7

第5题答案

6	4	5	2	9	1	7	3	8
9	2	7	3	8	5	6	1	4
8	1	3	7	4	6	9	2	5
4	9	8	1	6	3	5	7	2
1	3	2	9	5	7	8	4	6
5	7	6	4	2	8	1	9	3
2	6	4	8	1	9	3	5	7
7	5	9	6	3	4	2	8	1
3	8	1	5	7	2	4	6	9

第6题答案

8	9	7	1	3	6	2	5	4
3	1	2	4	5	7	8	6	9
4	6	5	9	2	8	1	7	3
5	7	1	6	8	9	4	3	2
9	8	3	2	7	4	5	1	6
6	2	4	5	1	3	7	9	8
2	4	9	7	6	5	3	8	1
7	3	6	8	4	1	9	2	5
1	5	8	3	9	2	6	4	7

第7题答案

3	7	5	4	9	6	2	1	8
9	2	8	3	1	7	4	6	5
4	1	6	5	8	2	7	3	9
2	9	4	1	7	5	3	8	6
8	6	1	9	3	4	5	7	2
5	3	7	2	6	8	9	4	1
7	8	9	6	2	3	1	5	4
1	5	3	8	4	9	6	2	7
6	4	2	7	5	1	8	9	3

第8题答案

2021全国青少年数独锦标赛初赛赛题答案

U18组　第2轮

1	5	2	3	6	4
6	4	3	5	1	2
3	6	1	2	4	5
5	2	4	6	3	1
4	3	5	1	2	6
2	1	6	4	5	3

第1题答案

3	6	1	5	4	2
5	2	4	1	6	3
1	5	6	2	3	4
4	3	2	6	5	1
6	1	3	4	2	5
2	4	5	3	1	6

第2题答案

			偶		大		小		
	3	8	6	7	5	2	1	4	
奇	1	5	2	4	6	7	3	8	
	2	3	1	8	4	6	7	5	奇
偶	4	6	7	5	2	1	8	3	
	8	1	3	6	7	5	4	2	偶
大	5	7	4	2	3	8	6	1	
	7	2	8	3	1	4	5	6	大
	6	4	5	1	8	3	2	7	
		小		奇		小			

第3题答案

4	6	1	3	2	7	5	9	8
2	8	9	1	4	5	7	3	6
7	5	3	8	6	9	1	4	2
8	1	2	6	5	4	3	7	9
3	4	7	2	9	8	6	1	5
5	9	6	7	3	1	8	2	4
9	7	5	4	8	3	2	6	1
1	2	8	9	7	6	4	5	3
6	3	4	5	1	2	9	8	7

第4题答案

5	3	1	7	4	8	9	6	2
9	6	7	3	1	2	4	8	5
4	8	2	5	6	9	7	1	3
2	9	8	1	5	7	3	4	6
6	1	5	4	8	3	2	7	9
3	7	4	2	9	6	8	5	1
7	5	9	6	2	4	1	3	8
1	2	3	8	7	5	6	9	4
8	4	6	9	3	1	5	2	7

第5题答案

5	6	9	8	3	1	2	7	4
4	3	6	5	2	9	8	1	7
2	8	1	7	4	5	6	3	9
1	7	2	6	9	4	3	8	5
7	1	3	9	5	8	4	2	6
8	5	4	3	6	7	1	9	2
9	4	7	1	8	2	5	6	3
6	2	8	4	7	3	9	5	1
3	9	5	2	1	6	7	4	8

第6题答案

7	5	2	1	3	8	6	9	4
6	8	9	2	4	5	3	7	1
1	4	3	7	6	9	5	8	2
5	9	4	3	2	7	8	1	6
2	3	6	9	8	1	4	5	7
8	1	7	4	5	6	9	2	3
4	7	1	5	9	3	2	6	8
3	6	5	8	1	2	7	4	9
9	2	8	6	7	4	1	3	5

第7题答案

2	4	8	9	1	5	7	6	3
5	6	3	8	4	7	9	1	2
9	7	1	3	6	2	8	4	5
8	9	2	6	5	1	3	7	4
4	5	6	7	9	3	1	2	8
1	3	7	4	2	8	6	5	9
3	1	4	2	8	6	5	9	7
6	8	9	5	7	4	2	3	1
7	2	5	1	3	9	4	8	6

第8题答案

2	4	7	3	8	1	6	9	5
6	5	8	9	2	7	4	3	1
9	3	1	4	5	6	7	8	2
3	6	4	8	1	2	5	7	9
1	2	9	5	7	4	3	6	8
7	8	5	6	9	3	2	1	4
8	7	3	1	4	5	9	2	6
4	1	2	7	6	9	8	5	3
5	9	6	2	3	8	1	4	7

第9题答案

1	8	4	5	3	2	7	9	6
2	6	5	9	7	1	4	3	8
3	9	7	8	4	6	5	1	2
7	1	9	2	8	4	3	6	5
4	3	8	1	6	5	9	2	7
6	5	2	3	9	7	8	4	1
5	7	6	4	1	9	2	8	3
9	2	3	6	5	8	1	7	4
8	4	1	7	2	3	6	5	9

第10题答案

2021全国青少年数独锦标赛决赛赛题答案

U8组

2	3	1	4
1	4	2	3
4	2	3	1
3	1	4	2

第1题答案

6	4	5	3	2	1
2	3	1	4	5	6
1	2	4	6	3	5
3	5	6	1	4	2
4	1	2	5	6	3
5	6	3	2	1	4

第2题答案

8	4	5	3	7	1	6	2	9
9	2	3	5	8	6	7	1	4
7	6	1	4	9	2	5	3	8
3	8	9	2	5	7	1	4	6
1	5	6	8	4	9	3	7	2
4	7	2	6	1	3	8	9	5
2	3	4	1	6	5	9	8	7
6	1	7	9	2	8	4	5	3
5	9	8	7	3	4	2	6	1

第3题答案

4	5	3	1	2
5	3	1	2	4
3	1	2	4	5
1	2	4	5	3
2	4	5	3	1

第4题答案

2	1	3	5	4
3	4	5	1	2
1	5	2	4	3
5	3	4	2	1
4	2	1	3	5

第5题答案

2	3	5	4	1	6
6	1	4	3	2	5
5	4	6	1	3	2
1	2	3	5	6	4
3	5	2	6	4	1
4	6	1	2	5	3

第6题答案

3	1	6	4	2	5
4	5	2	6	1	3
6	2	1	3	5	4
5	3	4	2	6	1
1	6	3	5	4	2
2	4	5	1	3	6

第7题答案

4	3	1	5	6	2
2	5	6	4	1	3
6	2	4	1	3	5
5	1	3	6	2	4
1	4	2	3	5	6
3	6	5	2	4	1

第8题答案

4	1	5	6	2	3
3	2	6	4	5	1
1	4	3	5	6	2
6	5	2	1	3	4
5	3	4	2	1	6
2	6	1	3	4	5

第9题答案

3	6	4	1	5	2
2	1	5	4	6	3
4	3	6	2	1	5
5	2	1	3	4	6
1	5	3	6	2	4
6	4	2	5	3	1

第10题答案

6	4	5	2	3	1
2	1	3	6	4	5
4	6	2	5	1	3
3	5	1	4	6	2
1	2	6	3	5	4
5	3	4	1	2	6

第11题答案

4	2	1	3	5	6
6	3	5	2	1	4
3	5	6	1	4	2
2	1	4	5	6	3
1	4	2	6	3	5
5	6	3	4	2	1

第12题答案

6	3	5	2	4	1
2	4	1	3	5	6
1	5	4	6	3	2
3	6	2	4	1	5
4	1	6	5	2	3
5	2	3	1	6	4

第13题答案

6	3	5	4	2	1
2	1	4	5	3	6
5	4	3	6	1	2
1	6	2	3	5	4
3	2	6	1	4	5
4	5	1	2	6	3

第14题答案

6	5	2	3	4	1
3	4	1	6	5	2
4	3	6	1	2	5
2	1	5	4	3	6
1	2	3	5	6	4
5	6	4	2	1	3

第15题答案

2021全国青少年数独锦标赛决赛赛题答案

U10组

6	3	2	1	4	5
1	5	4	3	2	6
3	4	6	2	5	1
5	2	1	4	6	3
4	1	5	6	3	2
2	6	3	5	1	4

第1题答案

8	7	6	3	4	1	2	9	5
3	9	1	2	8	5	7	6	4
5	2	4	6	7	9	3	8	1
6	1	9	7	5	8	4	2	3
2	3	5	1	6	4	8	7	9
7	4	8	9	3	2	1	5	6
4	8	3	5	9	7	6	1	2
1	5	7	4	2	6	9	3	8
9	6	2	8	1	3	5	4	7

第2题答案

7	8	4	6	1	3	9	5	2
5	3	1	2	7	9	4	8	6
6	2	9	4	5	8	3	7	1
1	9	3	5	4	2	7	6	8
2	7	5	8	3	6	1	4	9
8	4	6	7	9	1	2	3	5
4	6	8	1	2	7	5	9	3
9	1	7	3	8	5	6	2	4
3	5	2	9	6	4	8	1	7

第3题答案

2	6	1	3	4	5
6	5	3	2	1	4
3	1	5	4	2	6
4	3	2	5	6	1
1	2	4	6	5	3
5	4	6	1	3	2

第4题答案

6	3	2	4	1	5
1	4	6	5	3	2
5	2	3	1	4	6
3	5	4	2	6	1
2	6	1	3	5	4
4	1	5	6	2	3

第5题答案

5	6	2	4	3	1
1	4	3	2	5	6
3	1	4	6	2	5
6	2	5	1	4	3
2	5	1	3	6	4
4	3	6	5	1	2

第6题答案

3	5	1	2	6	4
6	2	4	3	5	1
2	4	3	5	1	6
5	1	6	4	2	3
1	3	5	6	4	2
4	6	2	1	3	5

第7题答案

1	4	6	5	3	2
5	3	2	4	1	6
3	2	4	1	6	5
6	5	1	2	4	3
4	6	5	3	2	1
2	1	3	6	5	4

第8题答案

5	3	4	1	2	6
6	1	2	5	3	4
4	2	3	6	5	1
1	6	5	2	4	3
3	5	1	4	6	2
2	4	6	3	1	5

第 9 题答案

5	3	1	4	6	2
2	4	6	3	5	1
3	5	2	6	1	4
6	1	4	2	3	5
4	6	5	1	2	3
1	2	3	5	4	6

第 10 题答案

4	5	3	6	1	2
1	2	6	3	5	4
3	1	5	4	2	6
2	6	4	1	3	5
5	4	1	2	6	3
6	3	2	5	4	1

第 11 题答案

6	2	3	4	1	5
5	4	1	6	2	3
2	6	5	3	4	1
3	1	4	2	5	6
4	5	6	1	3	2
1	3	2	5	6	4

第 12 题答案

2	1	6	3	4	5
4	3	5	1	2	6
1	6	2	4	5	3
5	4	3	6	1	2
6	2	1	5	3	4
3	5	4	2	6	1

第 13 题答案

4	9	8	2	1	5	3	6	7
3	6	5	4	8	7	9	1	2
7	1	2	9	6	3	5	8	4
8	2	9	5	4	6	1	7	3
1	3	4	7	9	2	8	5	6
6	5	7	8	3	1	4	2	9
5	8	3	6	2	9	7	4	1
9	4	6	1	7	8	2	3	5
2	7	1	3	5	4	6	9	8

第 14 题答案

3	9	1	7	5	4	2	6	8
2	8	5	6	1	9	4	3	7
4	7	6	2	8	3	1	9	5
5	3	2	9	4	7	6	8	1
7	6	4	1	3	8	9	5	2
9	1	8	5	2	6	7	4	3
1	2	9	3	6	5	8	7	4
8	5	7	4	9	2	3	1	6
6	4	3	8	7	1	5	2	9

第 15 题答案

2021 全国青少年数独锦标赛决赛赛题答案

U12 组

8	4	6	1	2	3	5	7	9
2	3	5	7	9	8	6	4	1
7	9	1	4	6	5	2	3	8
4	7	8	3	1	6	9	2	5
1	6	9	2	5	7	4	8	3
3	5	2	8	4	9	7	1	6
5	1	4	9	8	2	3	6	7
6	2	7	5	3	1	8	9	4
9	8	3	6	7	4	1	5	2

第 1 题答案

4	1	6	3	5	2
3	5	2	1	6	4
2	4	1	5	3	6
6	3	5	2	4	1
1	6	3	4	2	5
5	2	4	6	1	3

第 2 题答案

4	5	1	3	2	6
2	6	3	4	1	5
1	3	4	6	5	2
6	2	5	1	3	4
5	1	6	2	4	3
3	4	2	5	6	1

第 3 题答案

1	4	6	2	5	3
5	3	2	4	6	1
3	2	1	5	4	6
6	5	4	3	1	2
4	6	3	1	2	5
2	1	5	6	3	4

第 4 题答案

5	2	6	3	4	1
4	1	3	5	6	2
6	4	5	2	1	3
2	3	1	4	5	6
1	5	2	6	3	4
3	6	4	1	2	5

第 5 题答案

6	4	2	3	1	5
3	1	5	6	4	2
1	5	4	2	3	6
2	3	6	1	5	4
4	6	1	5	2	3
5	2	3	4	6	1

第 6 题答案

4	5	6	2	1	3
3	2	1	4	5	6
1	4	2	3	6	5
6	3	5	1	2	4
2	6	4	5	3	1
5	1	3	6	4	2

第 7 题答案

	3	2	2	1	2	2	
3	2	1	4	6	5	3	3
2	5	6	3	2	4	1	3
3	4	5	2	3	1	6	1
3	1	3	6	4	2	5	2
1	6	2	5	1	3	4	3
4	3	4	1	5	6	2	2
	2	3	3	2	1	4	

第 8 题答案

	2	4	4	1	3	4	
2	5	2	1	6	4	3	3
1	6	4	3	1	5	2	3
3	1	5	2	3	6	4	2
2	3	6	4	5	2	1	4
2	2	1	6	4	3	5	2
3	4	3	5	2	1	6	1
	2	2	2	4	3	1	

第 9 题答案

7	1	6	4	3	2	5
3	4	5	7	1	6	2
2	3	1	5	7	4	6
5	7	2	6	4	1	3
1	6	3	2	5	7	4
4	2	7	3	6	5	1
6	5	4	1	2	3	7

第 10 题答案

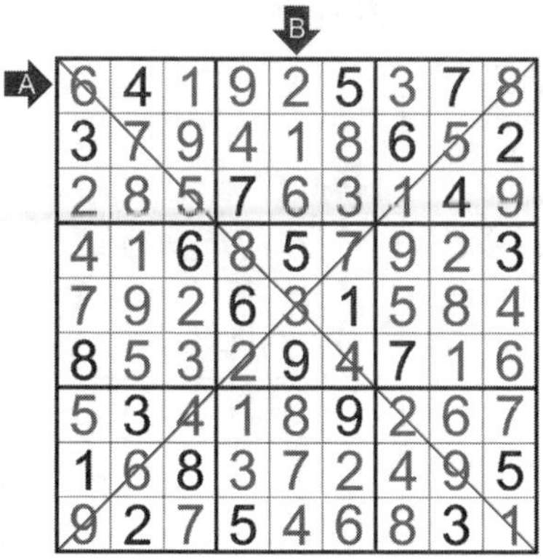

第 11 题答案

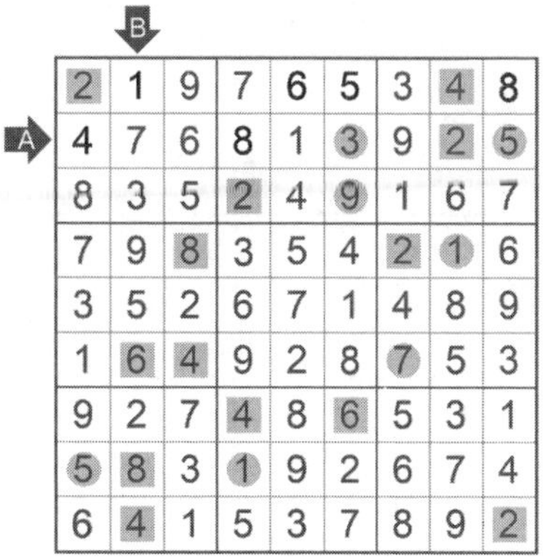

第 12 题答案

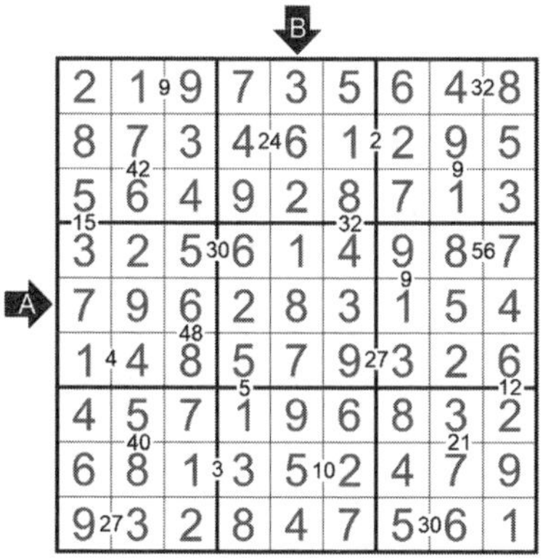

第 13 题答案

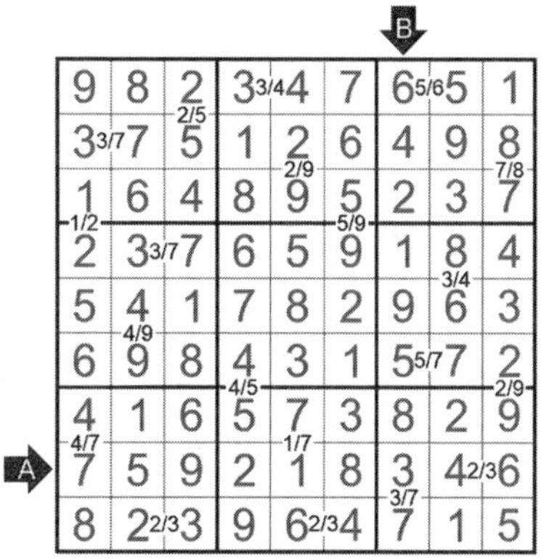

第 14 题答案

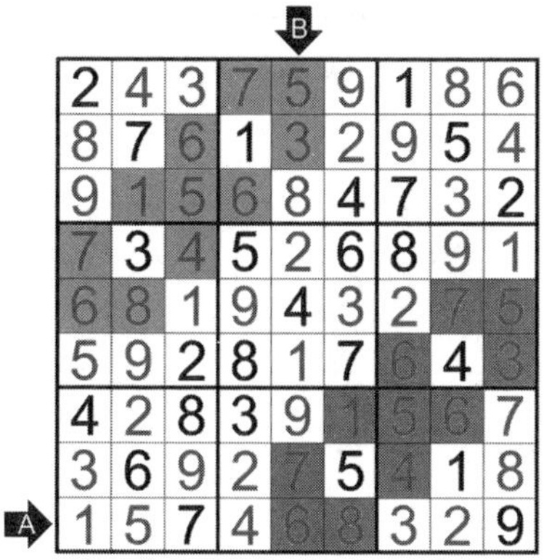

第 15 题答案

2021全国青少年数独锦标赛决赛赛题答案

U18组

3	2	9	8	6	7	1	5	4
1	4	7	5	2	3	8	9	6
5	6	8	9	1	4	3	2	7
6	5	1	3	9	2	7	4	8
7	9	2	4	8	6	5	3	1
4	8	3	1	7	5	9	6	2
9	7	4	2	3	8	6	1	5
8	3	5	6	4	1	2	7	9
2	1	6	7	5	9	4	8	3

第1题答案

5	9	1	4	7	2	6	8	3
6	2	7	3	8	5	4	1	9
8	3	4	1	6	9	7	5	2
1	7	2	8	9	6	5	3	4
4	5	9	7	3	1	8	2	6
3	6	8	2	5	4	1	9	7
9	8	3	6	1	7	2	4	5
7	4	5	9	2	8	3	6	1
2	1	6	5	4	3	9	7	8

第2题答案

1	3	7	6	2	4	8	5	9
6	8	9	7	1	5	2	3	4
4	5	2	9	8	3	6	7	1
3	1	4	8	7	6	9	2	5
8	7	5	2	4	9	1	6	3
9	2	6	3	5	1	7	4	8
7	9	8	4	3	2	5	1	6
5	6	3	1	9	7	4	8	2
2	4	1	5	6	8	3	9	7

第3题答案

9	8	1	5	6	3	4	2	7
7	5	3	1	2	4	9	6	8
4	6	2	8	9	7	5	3	1
5	4	6	2	7	8	3	1	9
8	3	7	9	1	5	2	4	6
1	2	9	4	3	6	8	7	5
3	7	8	6	5	2	1	9	4
6	9	4	3	8	1	7	5	2
2	1	5	7	4	9	6	8	3

第4题答案

2	8	5	1	9	3	4	7	6
9	1	7	2	4	6	3	8	5
4	3	6	8	5	7	1	9	2
6	7	2	9	8	1	5	3	4
8	5	9	3	2	4	7	6	1
3	4	1	7	6	5	8	2	9
1	2	4	6	3	8	9	5	7
7	9	8	5	1	2	6	4	3
5	6	3	4	7	9	2	1	8

第5题答案

7	4	8	6	5	3	1	9	2
5	9	6	1	2	4	8	3	7
2	1	3	8	9	7	6	5	4
4	8	7	5	6	1	3	2	9
6	5	9	3	4	2	7	8	1
3	2	1	9	7	8	4	6	5
1	6	5	7	8	9	2	4	3
9	7	2	4	3	6	5	1	8
8	3	4	2	1	5	9	7	6

第6题答案

9	1	7	2	5	3	4	8	6
1	5	8	6	2	4	9	7	3
7	6	4	8	1	2	3	9	5
4	2	9	7	6	5	8	3	1
5	8	3	1	7	9	2	6	4
2	9	6	4	3	8	1	5	7
8	3	5	9	4	6	7	1	2
3	4	1	5	9	7	6	2	8
6	7	2	3	8	1	5	4	9

第 7 题答案

6	3	5	7	8	2	1	9	4
7	1	4	9	3	5	6	8	2
8	2	9	4	1	6	7	3	5
4	8	1	5	6	9	3	2	7
2	7	6	8	4	3	5	1	9
9	5	3	1	2	7	8	4	6
3	9	2	6	7	1	4	5	8
5	4	7	3	9	8	2	6	1
1	6	8	2	5	4	9	7	3

第 8 题答案

6	8	5	3	7	4	2	1	9
7	1	2	9	5	8	3	4	6
3	9	4	2	1	6	8	7	5
4	3	1	7	8	9	5	6	2
2	7	8	6	4	5	1	9	3
9	5	6	1	3	2	4	8	7
1	2	3	4	9	7	6	5	8
5	4	7	8	6	3	9	2	1
8	6	9	5	2	1	7	3	4

第 9 题答案

7	4	1	3	9	6	5	2	8
9	3	8	5	4	2	7	1	6
5	2	6	7	8	1	3	9	4
8	1	4	6	5	9	2	3	7
3	9	5	2	7	8	6	4	1
6	7	2	1	3	4	8	5	9
2	8	3	9	1	7	4	6	5
1	5	7	4	6	3	9	8	2
4	6	9	8	2	5	1	7	3

第 10 题答案

6	9	3	1	2	5	7	4	8
2	8	5	4	6	7	9	1	3
4	1	7	9	8	3	2	5	6
1	3	6	7	9	2	4	8	5
9	2	8	6	5	4	1	3	7
7	5	4	8	3	1	6	9	2
8	7	9	3	1	6	5	2	4
3	6	2	5	4	9	8	7	1
5	4	1	2	7	8	3	6	9

第 11 题答案

9	8	2	3	4	7	6	5	1
3	7	5	1	2	6	4	9	8
1	6	4	8	9	5	2	3	7
2	3	7	6	5	9	1	8	4
5	4	1	7	8	2	9	6	3
6	9	8	4	3	1	5	7	2
4	1	6	5	7	3	8	2	9
7	5	9	2	1	8	3	4	6
8	2	3	9	6	4	7	1	5

第 12 题答案

4	3	2	6	9	7	5	8	1
5	6	8	2	1	3	7	9	4
1	9	7	5	4	8	2	3	6
6	2	1	7	8	9	4	5	3
9	5	4	1	3	2	8	6	7
7	8	3	4	6	5	9	1	2
3	7	9	8	2	6	1	4	5
2	4	6	9	5	1	3	7	8
8	1	5	3	7	4	6	2	9

第 13 题答案

1	2	8	9	6	7	4	5	3
6	5	9	3	4	8	1	7	2
3	7	4	5	2	1	6	8	9
2	9	6	8	5	3	7	4	1
5	1	7	4	9	2	8	3	6
8	4	3	7	1	6	9	2	5
7	6	1	2	8	5	3	9	4
9	8	2	6	3	4	5	1	7
4	3	5	1	7	9	2	6	8

第 14 题答案

2	4	5	9	8	6	7	3	1
6	1	8	3	7	4	2	9	5
3	9	7	2	1	5	4	6	8
7	8	3	4	5	2	9	1	6
9	2	1	7	6	3	5	8	4
4	5	6	8	9	1	3	2	7
8	3	4	6	2	7	1	5	9
1	7	9	5	3	8	6	4	2
5	6	2	1	4	9	8	7	3

第 15 题答案

2022全国青少年数独锦标赛初赛(网络赛)赛题答案

U8 组

1	2	3	4
3	4	1	2
2	3	4	1
4	1	2	3

第 1 题答案

1	3	2	4
2	4	1	3
3	2	4	1
4	1	3	2

第 2 题答案

5	6	3	2	1	4
4	1	2	6	3	5
3	2	5	4	6	1
6	4	1	3	5	2
2	5	6	1	4	3
1	3	4	5	2	6

第3题答案

3	1	2	6	4	5
5	4	6	3	1	2
4	3	1	5	2	6
6	2	5	4	3	1
1	5	3	2	6	4
2	6	4	1	5	3

第4题答案

3	1	5	4	6	2
2	4	6	5	1	3
1	2	4	6	3	5
6	5	3	2	4	1
5	6	1	3	2	4
4	3	2	1	5	6

第5题答案

3	4	1	6	2	5
2	5	6	1	4	3
1	3	2	5	6	4
5	6	4	3	1	2
6	2	3	4	5	1
4	1	5	2	3	6

第6题答案

9	8	5	1	4	7	2	6	3
1	3	7	9	2	6	4	5	8
6	4	2	5	8	3	9	7	1
2	7	8	4	5	9	3	1	6
3	9	1	6	7	2	5	8	4
4	5	6	3	1	8	7	2	9
5	1	3	2	6	4	8	9	7
7	6	9	8	3	5	1	4	2
8	2	4	7	9	1	6	3	5

第7题答案

1	2	4	6	3	8	7	5	9
7	5	8	2	9	4	3	1	6
6	9	3	7	1	5	4	8	2
4	3	5	1	2	7	9	6	8
2	7	9	3	8	6	1	4	5
8	1	6	4	5	9	2	7	3
5	4	7	9	6	3	8	2	1
9	8	2	5	7	1	6	3	4
3	6	1	8	4	2	5	9	7

第8题答案

3	1	4	5	2
5	3	2	4	1
4	2	1	3	5
1	4	5	2	3
2	5	3	1	4

第 9 题答案

3	2	1	4	5
1	3	5	2	4
2	5	4	3	1
5	4	2	1	3
4	1	3	5	2

第 10 题答案

2	1	4	5	3	6
5	6	3	1	2	4
4	2	1	3	6	5
6	3	5	4	1	2
3	4	6	2	5	1
1	5	2	6	4	3

第 11 题答案

5	6	2	1	4	3
3	4	1	6	5	2
2	5	3	4	6	1
4	1	6	2	3	5
6	2	5	3	1	4
1	3	4	5	2	6

第 12 题答案

1	4	2	3	5	6
5	3	6	4	1	2
6	2	1	5	3	4
3	5	4	6	2	1
2	6	3	1	4	5
4	1	5	2	6	3

第 13 题答案

4	5	2	6	3	1
3	6	1	5	2	4
5	2	4	3	1	6
1	3	6	2	4	5
2	4	5	1	6	3
6	1	3	4	5	2

第 14 题答案

4	3	2	6	5	1
1	6	5	3	2	4
6	1	3	5	4	2
5	2	4	1	3	6
2	5	6	4	1	3
3	4	1	2	6	5

第 15 题答案

2	4	3	5	1	6
1	5	6	2	4	3
3	2	5	4	6	1
4	6	1	3	2	5
5	1	4	6	3	2
6	3	2	1	5	4

第 16 题

4	2	6	3	5	1
5	3	1	2	4	6
1	4	3	5	6	2
2	6	5	4	1	3
3	1	4	6	2	5
6	5	2	1	3	4

第 17 题答案

3	4	1	5	6	2
2	6	5	4	3	1
5	3	6	2	1	4
1	2	4	6	5	3
6	1	2	3	4	5
4	5	3	1	2	6

第 18 题

2022全国青少年数独锦标赛初赛（网络赛）赛题答案

U10组

3	4	2	5	6	1
1	5	6	3	2	4
6	1	4	2	3	5
2	3	5	1	4	6
4	2	1	6	5	3
5	6	3	4	1	2

第 1 题答案

3	1	4	6	5	2
2	5	6	3	4	1
6	2	5	4	1	3
1	4	3	5	2	6
5	3	2	1	6	4
4	6	1	2	3	5

第 2 题答案

2	5	6	1	4	3
1	4	3	6	2	5
3	6	5	2	1	4
4	2	1	3	5	6
6	1	4	5	3	2
5	3	2	4	6	1

第3题答案

2	1	4	5	3	6
3	6	5	4	2	1
1	2	3	6	5	4
5	4	6	2	1	3
6	5	1	3	4	2
4	3	2	1	6	5

第4题答案

3	8	1	9	2	5	6	7	4
6	4	2	3	1	7	8	9	5
9	7	5	4	6	8	2	1	3
5	1	4	2	3	6	9	8	7
7	6	3	1	8	9	5	4	2
2	9	8	5	7	4	3	6	1
8	2	9	7	4	3	1	5	6
1	5	7	6	9	2	4	3	8
4	3	6	8	5	1	7	2	9

第5题答案

2	3	1	8	9	5	4	7	6
5	7	8	3	4	6	9	2	1
4	6	9	7	2	1	3	5	8
6	9	7	4	5	2	8	1	3
3	4	2	6	1	8	5	9	7
8	1	5	9	7	3	6	4	2
7	5	6	1	8	9	2	3	4
1	2	3	5	6	4	7	8	9
9	8	4	2	3	7	1	6	5

第6题答案

8	7	9	5	3	2	4	1	6
3	5	4	7	1	6	8	9	2
2	1	6	4	8	9	3	7	5
6	8	5	2	4	7	9	3	1
4	9	7	3	6	1	5	2	8
1	2	3	9	5	8	7	6	4
7	3	1	8	2	5	6	4	9
5	4	2	6	9	3	1	8	7
9	6	8	1	7	4	2	5	3

第7题答案

7	9	8	5	3	4	2	6	1
1	3	5	9	2	6	4	7	8
2	4	6	8	7	1	9	3	5
9	1	4	6	8	3	5	2	7
5	2	7	1	4	9	3	8	6
6	8	3	7	5	2	1	9	4
3	5	2	4	6	7	8	1	9
8	7	9	2	1	5	6	4	3
4	6	1	3	9	8	7	5	2

第8题答案

1	5	2	6	3	4
6	3	4	2	1	5
2	1	3	5	4	6
5	4	6	1	2	3
4	6	1	3	5	2
3	2	5	4	6	1

第 9 题答案

4	1	5	6	3	2
3	6	2	5	1	4
1	3	6	2	4	5
2	5	4	3	6	1
5	4	3	1	2	6
6	2	1	4	5	3

第 10 题答案

2	3	5	1	6	4
4	6	1	2	3	5
5	1	6	4	2	3
3	2	4	5	1	6
6	4	2	3	5	1
1	5	3	6	4	2

第 11 题答案

2	4	3	5	6	1
1	6	5	3	4	2
6	1	2	4	3	5
5	3	4	2	1	6
3	5	6	1	2	4
4	2	1	6	5	3

第 12 题答案

1	4	2	6	5	3
5	6	3	1	4	2
6	2	5	4	3	1
4	3	1	5	2	6
3	5	6	2	1	4
2	1	4	3	6	5

第 13 题答案

1	4	2	6	5	3
2	6	4	3	1	5
4	3	5	2	6	1
6	2	1	5	3	4
3	5	6	1	4	2
5	1	3	4	2	6

第 14 题答案

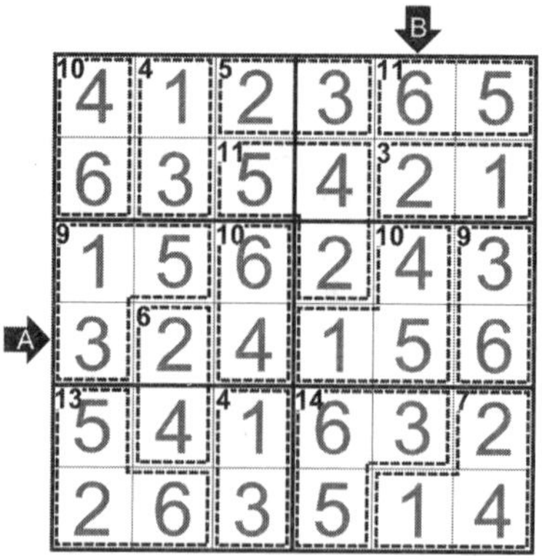

第15题答案

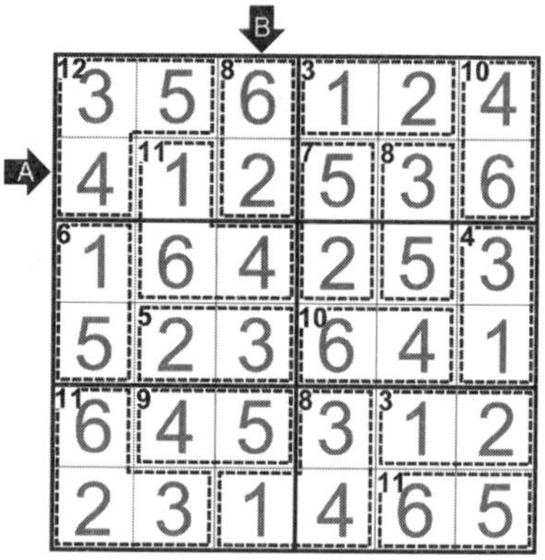

第16题

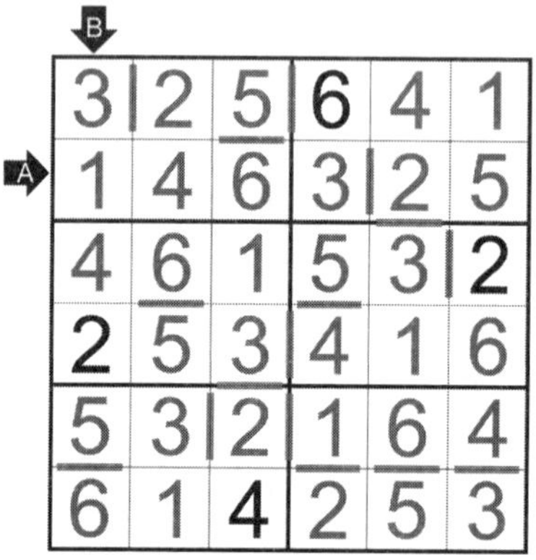

第17题答案

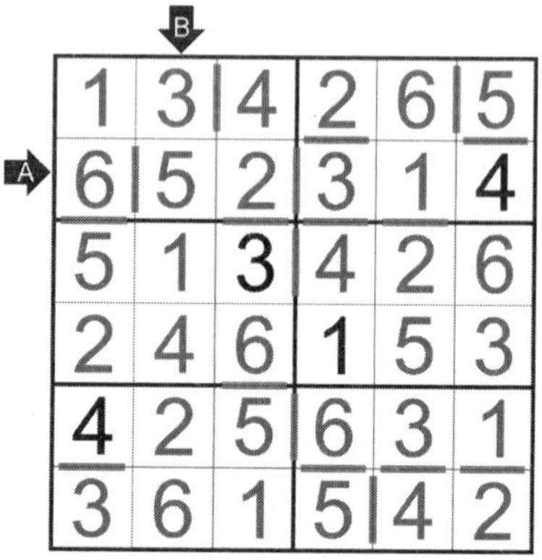

第18题

2022全国青少年数独锦标赛初赛(网络赛)赛题答案

U12组

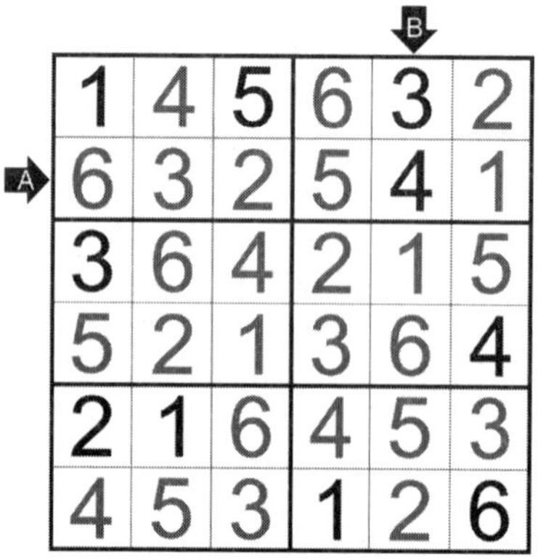

第1题答案

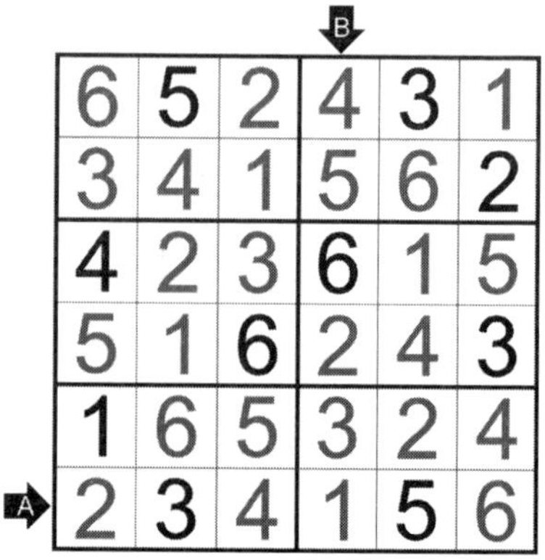

第2题答案

4	5	1	6	3	2
3	6	2	1	4	5
1	4	6	5	2	3
2	3	5	4	6	1
5	2	4	3	1	6
6	1	3	2	5	4

第3题答案

3	6	4	5	1	2
1	5	2	4	6	3
5	1	3	2	4	6
4	2	6	1	3	5
6	4	5	3	2	1
2	3	1	6	5	4

第4题答案

6	8	5	1	4	2	9	3	7
9	1	2	7	3	8	6	4	5
3	7	4	6	5	9	8	1	2
5	2	1	8	9	4	7	6	3
8	3	9	5	7	6	1	2	4
7	4	6	2	1	3	5	9	8
1	9	3	4	8	5	2	7	6
4	6	8	9	2	7	3	5	1
2	5	7	3	6	1	4	8	9

第5题答案

2	7	4	8	9	5	6	1	3
3	6	1	4	2	7	9	5	8
8	9	5	3	1	6	7	4	2
5	3	9	7	4	1	8	2	6
6	8	7	2	5	9	4	3	1
4	1	2	6	8	3	5	7	9
7	2	6	5	3	8	1	9	4
9	4	8	1	7	2	3	6	5
1	5	3	9	6	4	2	8	7

第6题答案

5	7	9	6	2	3	8	1	4
1	3	6	8	5	4	7	9	2
2	8	4	1	9	7	3	6	5
4	9	7	5	3	2	1	8	6
6	5	2	7	8	1	9	4	3
8	1	3	9	4	6	5	2	7
7	2	8	3	6	9	4	5	1
3	4	5	2	1	8	6	7	9
9	6	1	4	7	5	2	3	8

第7题答案

6	9	4	8	1	2	5	3	7
5	3	2	4	9	7	6	1	8
1	8	7	6	5	3	4	9	2
2	1	9	7	4	5	8	6	3
7	5	8	3	6	1	2	4	9
4	6	3	9	2	8	7	5	1
8	7	6	1	3	4	9	2	5
3	4	5	2	8	9	1	7	6
9	2	1	5	7	6	3	8	4

第8题答案

4	6	1	3	5	2
3	5	2	6	4	1
5	4	6	1	2	3
1	2	3	4	6	5
2	3	4	5	1	6
6	1	5	2	3	4

第9题答案

1	4	5	6	2	3
6	3	2	4	1	5
3	5	1	2	4	6
2	6	4	3	5	1
5	2	6	1	3	4
4	1	3	5	6	2

第10题答案

6	4	5	1	3	2
2	1	3	6	4	5
5	6	2	4	1	3
4	3	1	2	5	6
1	5	6	3	2	4
3	2	4	5	6	1

第11题答案

5	4	6	2	1	3
1	3	2	5	4	6
6	5	3	1	2	4
2	1	4	6	3	5
4	6	1	3	5	2
3	2	5	4	6	1

第12题答案

6	4	3	1	2	5
5	2	1	4	3	6
3	1	5	6	4	2
2	6	4	5	1	3
4	5	2	3	6	1
1	3	6	2	5	4

第13题答案

4	1	5	3	6	2
2	6	3	4	1	5
1	3	2	6	5	4
6	5	4	1	2	3
5	4	1	2	3	6
3	2	6	5	4	1

第14题答案

4	3	1	2	5	6
2	6	5	1	3	4
6	1	4	5	2	3
5	2	3	6	4	1
3	5	6	4	1	2
1	4	2	3	6	5

第15题答案

3	1	2	4	5	6
4	5	6	1	2	3
1	2	3	5	6	4
5	6	4	2	3	1
2	3	1	6	4	5
6	4	5	3	1	2

第16题

2	6	5	4	3	1
3	4	1	5	6	2
1	2	6	3	5	4
4	5	3	2	1	6
5	1	2	6	4	3
6	3	4	1	2	5

第17题答案

6	4	1	5	3	2
5	2	3	4	6	1
3	5	4	1	2	6
2	1	6	3	4	5
4	6	5	2	1	3
1	3	2	6	5	4

第18题

2022全国青少年数独锦标赛初赛(网络赛)赛题答案

U18组

6	5	3	1	4	2
2	1	4	5	6	3
5	2	6	4	3	1
4	3	1	2	5	6
3	4	2	6	1	5
1	6	5	3	2	4

第1题答案

3	2	4	1	6	5
6	1	5	4	3	2
1	5	3	6	2	4
2	4	6	5	1	3
4	6	2	3	5	1
5	3	1	2	4	6

第2题答案

2	3	1	9	6	8	5	4	7
7	5	8	2	1	4	6	3	9
9	4	6	3	7	5	8	2	1
4	7	2	1	5	9	3	8	6
5	6	3	8	4	7	9	1	2
1	8	9	6	3	2	7	5	4
6	2	5	4	9	3	1	7	8
8	1	7	5	2	6	4	9	3
3	9	4	7	8	1	2	6	5

第3题答案

4	9	1	6	7	2	8	3	5
3	2	5	4	9	8	6	1	7
7	8	6	1	3	5	2	9	4
1	4	7	5	6	3	9	8	2
6	3	8	2	4	9	5	7	1
2	5	9	8	1	7	4	6	3
9	6	4	7	2	1	3	5	8
5	7	2	3	8	6	1	4	9
8	1	3	9	5	4	7	2	6

第4题答案

3	6	7	9	2	4	5	8	1
4	2	1	5	8	7	3	6	9
9	5	8	6	3	1	4	2	7
1	9	2	8	4	5	6	7	3
7	4	5	3	6	9	8	1	2
8	3	6	1	7	2	9	5	4
6	8	4	7	1	3	2	9	5
5	1	3	2	9	8	7	4	6
2	7	9	4	5	6	1	3	8

第5题答案

6	9	3	8	7	1	2	5	4
8	4	5	2	6	3	7	1	9
2	7	1	9	4	5	3	6	8
7	8	6	5	9	2	4	3	1
9	3	2	1	8	4	6	7	5
1	5	4	6	3	7	9	8	2
3	2	8	7	1	9	5	4	6
5	6	7	4	2	8	1	9	3
4	1	9	3	5	6	8	2	7

第6题答案

4	9	6	5	7	3	8	2	1
2	8	1	9	4	6	5	7	3
5	7	3	8	2	1	6	4	9
8	5	4	2	3	7	1	9	6
3	1	2	6	5	9	4	8	7
7	6	9	1	8	4	3	5	2
1	4	7	3	9	5	2	6	8
6	2	5	7	1	8	9	3	4
9	3	8	4	6	2	7	1	5

第7题答案

3	4	7	6	1	8	2	5	9
2	9	1	5	3	7	4	8	6
5	8	6	4	2	9	1	7	3
4	2	3	8	5	1	6	9	7
7	1	8	9	4	6	3	2	5
9	6	5	3	7	2	8	1	4
6	7	4	1	8	5	9	3	2
8	3	2	7	9	4	5	6	1
1	5	9	2	6	3	7	4	8

第8题答案

3	6	5	4	2	1
2	1	4	3	6	5
4	2	1	6	5	3
6	5	3	1	4	2
1	4	2	5	3	6
5	3	6	2	1	4

第 9 题答案

6	4	1	5	3	2
2	5	3	1	6	4
1	6	4	2	5	3
5	3	2	6	4	1
4	2	6	3	1	5
3	1	5	4	2	6

第 10 题答案

3	4	5	6	2	1
2	6	1	4	5	3
4	1	2	3	6	5
6	5	3	1	4	2
1	2	6	5	3	4
5	3	4	2	1	6

第 11 题答案

5	4	6	2	3	1
1	2	3	6	5	4
4	5	2	3	1	6
6	3	1	5	4	2
2	1	5	4	6	3
3	6	4	1	2	5

第 12 题答案

6	3	5	4	1	2
1	2	4	5	6	3
3	1	6	2	5	4
5	4	2	6	3	1
2	5	3	1	4	6
4	6	1	3	2	5

第 13 题答案

4	5	2	6	3	1
3	6	1	5	4	2
6	1	3	2	5	4
2	4	5	1	6	3
1	3	6	4	2	5
5	2	4	3	1	6

第 14 题答案

B (top), A (row 3, left)

Top: 2 7 13 12
Left: 11, 11, 7, 4
Right: 4, 8, 5, 18
Bottom: 13 4 8 6

2	6	5	1	3	4
1	3	4	6	2	5
5	4	1	3	6	2
3	2	6	5	4	1
6	5	2	4	1	3
4	1	3	2	5	6

第15题答案

B (top), A (row 3, left)

Top: 5 9 16
Left: 5, 17, 7
Right: 7, 15, 10
Bottom: 19 9 5

5	1	2	4	6	3
4	6	3	2	5	1
1	3	4	5	2	6
6	2	5	3	1	4
3	5	1	6	4	2
2	4	6	1	3	5

第16题

B (column 4, top), A (row 4, left)

	2	3	2	4	1	4	
2	5	4	3	1	6	2	2
1	6	2	1	4	5	3	3
3	1	5	6	3	2	4	2
3	4	3	2	5	1	6	1
3	2	1	4	6	3	5	2
2	3	6	5	2	4	1	4
	3	1	2	2	3	3	

第17题答案

B (column 3, top), A (row 5, left)

	1	3	3	3	3	2	
1	6	3	2	1	4	5	2
3	4	5	1	3	2	6	1
4	3	4	5	6	1	2	2
3	1	2	6	4	5	3	3
4	2	1	3	5	6	4	2
2	5	6	4	2	3	1	4
	2	1	2	3	2	3	

第18题

2022全国青少年数独锦标赛决赛(网络赛)赛题答案

U8组

B (column 1, top), A (row 6, left)

2	6	5	4	3	1
4	3	1	5	2	6
6	2	3	1	5	4
5	1	4	2	6	3
1	5	6	3	4	2
3	4	2	6	1	5

第1题答案

B (column 5, top), A (row 2, left)

1	3	5	2	4	6
4	6	2	3	5	1
3	4	6	1	2	5
2	5	1	4	6	3
5	2	3	6	1	4
6	1	4	5	3	2

第2题答案

9	7	8	3	6	1	4	5	2
4	6	5	2	9	8	1	7	3
3	1	2	4	5	7	6	9	8
8	9	1	5	7	2	3	4	6
2	3	6	1	4	9	5	8	7
7	5	4	8	3	6	2	1	9
1	2	9	6	8	4	7	3	5
6	8	3	7	1	5	9	2	4
5	4	7	9	2	3	8	6	1

第3题答案

2	9	1	4	3	7	8	5	6
6	8	3	1	5	9	4	2	7
7	4	5	2	8	6	1	3	9
8	2	6	7	1	3	5	9	4
1	3	9	8	4	5	7	6	2
4	5	7	6	9	2	3	8	1
3	7	2	5	6	1	9	4	8
5	6	4	9	7	8	2	1	3
9	1	8	3	2	4	6	7	5

第4题答案

3	1	2	5	8	9	6	4	7
4	8	7	6	2	1	3	9	5
6	9	5	4	7	3	8	1	2
1	5	3	2	9	6	7	8	4
9	7	6	8	1	4	2	5	3
2	4	8	7	3	5	9	6	1
5	2	4	3	6	8	1	7	9
8	3	9	1	4	7	5	2	6
7	6	1	9	5	2	4	3	8

第5题答案

4	1	2	3	6	5
3	5	6	1	4	2
2	4	1	6	5	3
5	6	3	2	1	4
6	2	5	4	3	1
1	3	4	5	2	6

第6题答案

2	6	3	4	1	5
4	5	1	6	2	3
3	2	6	1	5	4
5	1	4	3	6	2
1	3	5	2	4	6
6	4	2	5	3	1

第7题答案

1	3	5	2	4
4	1	2	5	3
3	2	4	1	5
5	4	1	3	2
2	5	3	4	1

第8题答案

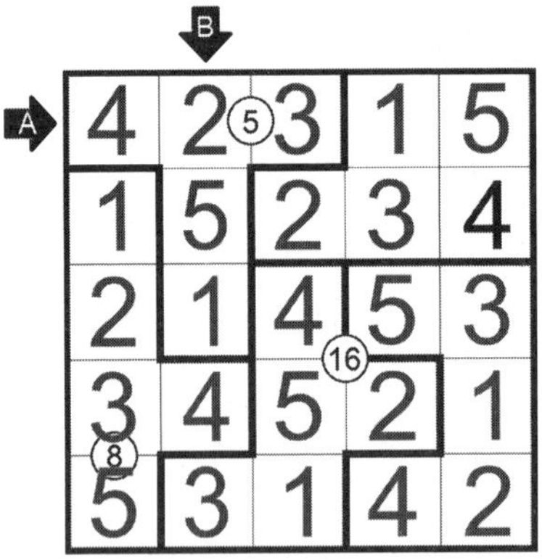

第9题答案

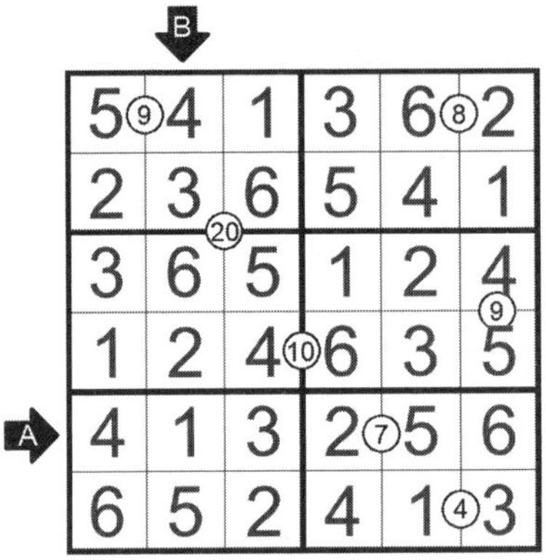

第10题答案

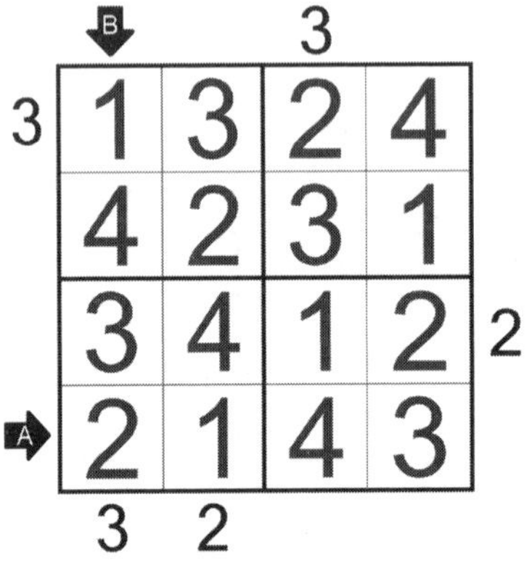

第11题答案

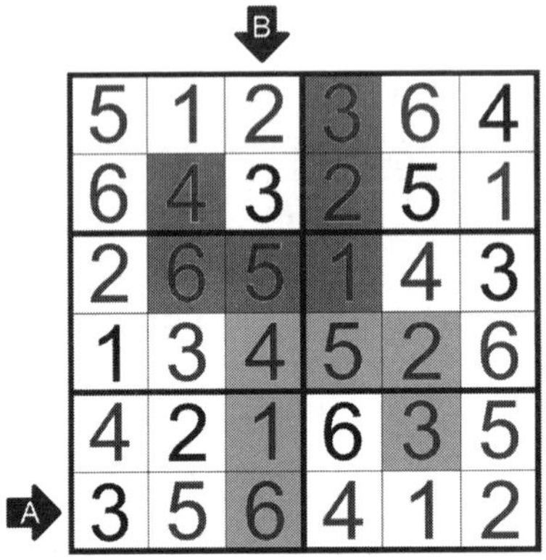

第12题答案

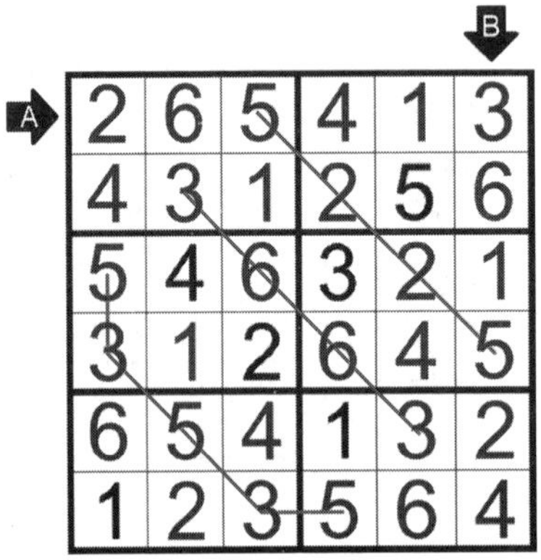

第13题答案

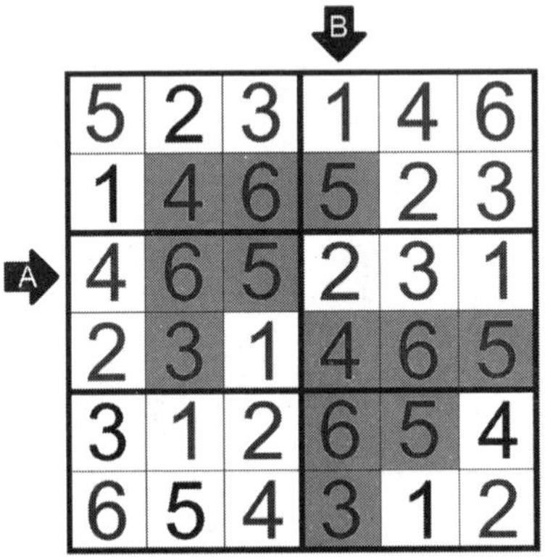

第14题答案

5	2	4	1	6	3
6	3	1	4	5	2
1	4	5	2	3	6
3	6	2	5	4	1
2	5	6	3	1	4
4	1	3	6	2	5

第15题答案

2022全国青少年数独锦标赛决赛(网络赛)赛题答案

U10组

4	5	6	3	1	2
1	3	2	4	5	6
3	1	4	2	6	5
2	6	5	1	4	3
6	2	1	5	3	4
5	4	3	6	2	1

第1题答案

6	2	5	3	4	1
3	4	1	5	6	2
4	1	2	6	5	3
5	6	3	1	2	4
1	5	4	2	3	6
2	3	6	4	1	5

第2题答案

7	6	5	2	3	9	8	4	1
1	4	9	5	8	7	2	3	6
8	3	2	1	4	6	9	7	5
9	1	6	3	5	4	7	2	8
3	8	7	6	2	1	5	9	4
5	2	4	7	9	8	1	6	3
2	7	8	4	6	5	3	1	9
6	9	3	8	1	2	4	5	7
4	5	1	9	7	3	6	8	2

第3题答案

5	2	8	9	4	1	6	3	7
6	7	3	5	2	8	9	1	4
9	1	4	7	6	3	2	5	8
2	3	7	6	8	4	1	9	5
4	6	9	1	3	5	7	8	2
1	8	5	2	7	9	4	6	3
7	9	6	8	5	2	3	4	1
8	4	2	3	1	6	5	7	9
3	5	1	4	9	7	8	2	6

第4题答案

8	6	3	9	5	1	7	2	4
5	4	1	7	2	3	9	6	8
9	2	7	4	8	6	5	1	3
7	9	8	3	1	2	4	5	6
4	3	5	6	9	8	1	7	2
6	1	2	5	7	4	8	3	9
3	5	9	8	6	7	2	4	1
2	7	6	1	4	9	3	8	5
1	8	4	2	3	5	6	9	7

第5题答案

8	5	6	4	3	2	7	1	9
9	4	3	7	1	8	2	5	6
7	2	1	6	9	5	8	4	3
1	9	4	5	2	7	3	6	8
3	8	7	9	6	4	1	2	5
2	6	5	1	8	3	4	9	7
5	1	2	3	7	6	9	8	4
6	3	8	2	4	9	5	7	1
4	7	9	8	5	1	6	3	2

第6题答案

5	1	4	6	2	3
6	2	5	4	3	1
3	5	1	2	4	6
4	6	2	3	1	5
1	4	3	5	6	2
2	3	6	1	5	4

第7题答案

4	2	5	3	1	6
3	6	1	5	2	4
5	1	4	2	6	3
2	3	6	4	5	1
6	5	3	1	4	2
1	4	2	6	3	5

第8题答案

6	2	5	3	1	4
1	4	3	2	6	5
3	6	1	5	4	2
4	5	2	1	3	6
2	3	4	6	5	1
5	1	6	4	2	3

第9题答案

5	3	6	4	1	2
4	1	2	6	3	5
6	2	1	3	5	4
3	4	5	1	2	6
2	6	3	5	4	1
1	5	4	2	6	3

第10题答案

5	1	6	4	3	2
4	2	3	1	5	6
1	3	4	6	2	5
6	5	2	3	1	4
3	4	5	2	6	1
2	6	1	5	4	3

第 11 题答案

		大					大		
	1	7	6	4	3	2	8	5	
	2	3	5	8	6	1	7	4	
	6	8	2	3	4	5	1	7	
	5	4	1	7	2	6	3	8	
	8	6	4	1	5	7	2	3	小
	7	5	3	2	1	8	4	6	偶
偶	4	2	8	6	7	3	5	1	
	3	1	7	5	8	4	6	2	
		小				小			

第 12 题答案

5	7	2	8	6	9	4	3	1
8	9	4	3	7	1	5	2	6
1	3	6	5	4	2	9	8	7
7	2	9	6	1	5	8	4	3
4	5	3	7	2	8	6	1	9
6	1	8	4	9	3	2	7	5
9	4	1	2	5	7	3	6	8
2	8	7	9	3	6	1	5	4
3	6	5	1	8	4	7	9	2

第 13 题答案

2	1	4	3	8	7	5	9	6
8	5	7	9	6	2	3	1	4
6	9	3	5	1	4	8	2	7
5	2	8	4	7	9	1	6	3
1	3	6	2	5	8	4	7	9
4	7	9	1	3	6	2	8	5
3	6	2	8	9	5	7	4	1
7	4	1	6	2	3	9	5	8
9	8	5	7	4	1	6	3	2

第 14 题答案

3	5	9	1	4	7	6	2	8
7	6	1	2	8	9	5	4	3
2	4	8	5	6	3	7	1	9
9	8	5	4	3	1	2	6	7
1	3	7	9	2	6	8	5	4
6	2	4	7	5	8	9	3	1
4	9	3	6	7	5	1	8	2
8	1	6	3	9	2	4	7	5
5	7	2	8	1	4	3	9	6

第 15 题答案

2022全国青少年数独锦标赛决赛(网络赛)赛题答案

U12组

2	3	5	7	9	1	6	4	8
7	6	1	8	2	4	3	5	9
4	9	8	5	6	3	2	1	7
8	1	4	3	5	2	9	7	6
3	2	6	9	4	7	5	8	1
9	5	7	1	8	6	4	3	2
1	4	2	6	7	5	8	9	3
6	7	9	4	3	8	1	2	5
5	8	3	2	1	9	7	6	4

第1题答案

9	8	4	7	3	5	1	6	2
7	5	6	8	2	1	3	4	9
1	3	2	4	9	6	7	8	5
4	1	3	2	7	8	5	9	6
6	9	8	5	1	4	2	7	3
5	2	7	9	6	3	8	1	4
2	4	9	3	8	7	6	5	1
8	6	5	1	4	2	9	3	7
3	7	1	6	5	9	4	2	8

第2题答案

9	5	2	6	8	1	7	3	4
4	3	1	2	9	7	8	6	5
6	8	7	4	3	5	1	9	2
8	7	3	1	4	9	2	5	6
1	4	6	5	7	2	3	8	9
5	2	9	3	6	8	4	1	7
2	1	4	9	5	3	6	7	8
7	6	5	8	1	4	9	2	3
3	9	8	7	2	6	5	4	1

第3题答案

1	2	7	9	8	5	6	4	3
6	3	8	1	2	4	5	7	9
5	4	9	6	7	3	2	8	1
3	6	4	8	9	7	1	5	2
2	7	5	4	1	6	3	9	8
9	8	1	3	5	2	7	6	4
7	1	3	5	4	8	9	2	6
8	5	6	2	3	9	4	1	7
4	9	2	7	6	1	8	3	5

第4题答案

2	5	1	4	6	8	3	9	7
9	7	6	5	3	2	4	8	1
4	8	3	7	9	1	6	2	5
6	2	9	8	1	5	7	3	4
3	1	8	6	4	7	9	5	2
5	4	7	3	2	9	1	6	8
8	6	2	1	7	3	5	4	9
7	9	4	2	5	6	8	1	3
1	3	5	9	8	4	2	7	6

第5题答案

5	2	3	1	6	4	7
4	6	7	3	5	1	2
7	3	1	2	4	5	6
3	4	6	5	2	7	1
2	7	4	6	1	3	5
1	5	2	4	7	6	3
6	1	5	7	3	2	4

第6题答案

2	1	4	5	3	6
3	6	5	4	2	1
4	5	6	3	1	2
1	2	3	6	5	4
5	4	1	2	6	3
6	3	2	1	4	5

第7题答案

	3	5		B		3	
	3	1	6	5	4	2	4
3	4	2	5	6	1	3	
	2	4	1	3	5	6	
	6	5	3	4	2	1	5
4	1	3	4	2	6	5	
A	5	6	2	1	3	4	
				4		3	

第8题答案

5	2	1	3	4	6
4	6	3	2	1	5
2	4	5	1	6	3
3	1	6	5	2	4
6	3	2	4	5	1
1	5	4	6	3	2

第9题答案

6	3	4	2	5	1
2	1	5	3	4	6
3	6	1	5	2	4
5	4	2	6	1	3
1	5	3	4	6	2
4	2	6	1	3	5

第10题答案

6	2	3	4	1	5
4	1	5	3	6	2
5	3	6	1	2	4
2	4	1	5	3	6
3	5	2	6	4	1
1	6	4	2	5	3

第11题答案

4	1	2	5	6	3
3	5	6	4	2	1
2	6	5	1	3	4
1	4	3	6	5	2
6	2	1	3	4	5
5	3	4	2	1	6

第12题答案

5	1	2	7	3	8	6	9	4
7	8	4	2	9	6	1	3	5
3	6	9	1	5	4	2	8	7
1	5	7	8	4	3	9	2	6
8	2	6	9	7	1	5	4	3
4	9	3	6	2	5	8	7	1
2	4	8	5	1	7	3	6	9
6	7	1	3	8	9	4	5	2
9	3	5	4	6	2	7	1	8

第13题答案

3	2	7	8	9	6	5	4	1
9	1	6	7	4	5	3	2	8
8	4	5	2	1	3	9	6	7
2	3	4	9	6	7	8	1	5
1	6	9	4	5	8	7	3	2
7	5	8	3	2	1	6	9	4
4	8	3	6	7	2	1	5	9
6	9	1	5	8	4	2	7	3
5	7	2	1	3	9	4	8	6

第14题答案

2	1	5	7	4	3	9	8	6
6	8	4	9	2	5	1	3	7
3	7	9	6	1	8	4	5	2
7	5	2	4	8	6	3	9	1
1	3	6	5	9	7	2	4	8
4	9	8	2	3	1	6	7	5
8	2	7	3	6	9	5	1	4
9	6	1	8	5	4	7	2	3
5	4	3	1	7	2	8	6	9

第15题答案

2022全国青少年数独锦标赛决赛(网络赛)赛题答案

U18组

7	8	9	1	3	5	2	6	4
1	6	3	2	4	7	9	5	8
2	5	4	9	8	6	3	1	7
6	1	5	8	2	4	7	9	3
3	4	8	6	7	9	5	2	1
9	2	7	3	5	1	4	8	6
8	7	2	5	6	3	1	4	9
4	9	6	7	1	2	8	3	5
5	3	1	4	9	8	6	7	2

第1题答案

3	7	2	8	9	4	6	5	1
8	5	6	3	1	2	4	7	9
9	1	4	6	5	7	8	3	2
2	3	9	5	4	8	7	1	6
4	8	1	7	6	3	2	9	5
5	6	7	1	2	9	3	4	8
1	4	5	2	7	6	9	8	3
7	2	8	9	3	5	1	6	4
6	9	3	4	8	1	5	2	7

第2题答案

6	7	4	5	3	9	1	8	2
9	8	2	1	7	6	3	5	4
1	5	3	4	2	8	9	6	7
3	6	1	7	4	2	5	9	8
7	9	5	8	1	3	2	4	6
2	4	8	6	9	5	7	1	3
5	2	7	9	8	4	6	3	1
4	1	6	3	5	7	8	2	9
8	3	9	2	6	1	4	7	5

第3题答案

6	8	9	1	7	5	3	4	2
7	4	3	2	9	8	5	6	1
2	5	1	6	3	4	9	8	7
3	1	6	9	4	2	8	7	5
5	9	4	7	8	3	1	2	6
8	2	7	5	6	1	4	3	9
4	7	5	8	1	6	2	9	3
1	6	8	3	2	9	7	5	4
9	3	2	4	5	7	6	1	8

第4题答案

1	8	6	4	3	7	5	9	2
3	5	9	6	2	1	8	7	4
4	2	7	8	9	5	6	1	3
6	1	2	3	7	4	9	5	8
5	9	3	1	8	2	4	6	7
8	7	4	5	6	9	3	2	1
7	6	1	9	4	8	2	3	5
2	3	8	7	5	6	1	4	9
9	4	5	2	1	3	7	8	6

第5题答案

3	8	5	4	1	7	9	6	2
7	9	3	6	5	2	1	8	4
4	2	6	3	8	9	7	1	5
1	4	7	2	6	8	5	9	3
2	6	8	5	9	1	3	4	7
5	1	9	7	3	6	4	2	8
6	5	4	1	2	3	8	7	9
9	3	2	8	7	4	6	5	1
8	7	1	9	4	5	2	3	6

第6题答案

2	1	4	6	3	5
6	3	5	2	1	4
1	5	6	3	4	2
3	4	2	1	5	6
4	2	3	5	6	1
5	6	1	4	2	3

第7题答案

6	3	1	4	5	2
5	4	2	3	6	1
2	6	4	1	3	5
1	5	3	2	4	6
3	1	6	5	2	4
4	2	5	6	1	3

第8题答案

	B		8		13		
	3	6	4	5	2	1	
	2	1	5	4	6	3	
5	5	2	3	6	1	4	
	1	4	6	3	5	2	15
	6	3	2	1	4	5	
A	4	5	1	2	3	6	27
			11				

第 9 题答案

		B				
	2	1	6	4	3	5
	4	5	3	1	6	2
	6	2	4	3	5	1
A	5	3	1	6	2	4
	1	6	5	2	4	3
	3	4	2	5	1	6

第 10 题答案

	B					
A	2	3	4	5	6	1
	1	5	6	3	2	4
	5	2	1	6	4	3
	4	6	3	1	5	2
	3	4	5	2	1	6
	6	1	2	4	3	5

第 11 题答案

		8			B		
	5	2	3	6	1	4	14
A	1	6	4	5	3	2	
10	3	5	2	1	4	6	
13	4	1	6	2	5	3	
	2	4	5	3	6	1	
	6	3	1	4	2	5	15
				10			

第 12 题答案

				B						
	7 9	4	5	4	6	2 9	5 7	2	4 8	
6 9	9	8	6	3	5	2	7	1	4	7
3 5	1	3	5	4	6	7	9	2	8	2
4	7	4	2	8	1	9	5	6	3	3 5
6 7	6	2	7	1	9	4	3	8	5	
A	8	5	9	2	7	3	6	4	1	1 4
1 4	4	1	3	6	8	5	2	7	9	2 9
2 7	2	7	1	5	3	8	4	9	6	4
	5	6	4	9	2	1	8	3	7	3 7
3 8	3	9	8	7	4	6	1	5	2	1 5
	2	7 9	1 4	7 9	2 3	8	4	3	2	

第 13 题答案

		B							
	5	2	1	6	4	9	3	8	7
A	7	8	9	5	2	3	6	4	1
	6	3	4	1	8	7	5	2	9
	4	6	2	7	3	1	8	9	5
	8	7	3	4	9	5	2	1	6
	1	9	5	8	6	2	7	3	4
	9	4	7	3	5	8	1	6	2
	3	1	6	2	7	4	9	5	8
	2	5	8	9	1	6	4	7	3

第 14 题答案

3	9	5	4	1	2	8	6	7
1	8	4	6	3	7	2	9	5
6	2	7	5	9	8	1	3	4
2	6	3	8	5	1	7	4	9
9	4	1	2	7	6	5	8	3
5	7	8	9	4	3	6	2	1
8	5	9	7	2	4	3	1	6
4	1	6	3	8	5	9	7	2
7	3	2	1	6	9	4	5	8

第15题答案